广东省铁路建设管理标准化系列丛书

铁路建设工程监督检查实务手册

第五分册 房建工程

广东省交通运输厅 组织编写

人民交通出版社股份有限公司
北京

内容提要

《铁路建设工程监督检查实务手册》共6个分册,包括参建单位责任、路基与轨道工程、桥涵工程、隧道工程、房建工程、铁路四电工程。本书为第五分册,主要介绍房建工程现场安全监督检查、铁路混凝土工程质量监督检查、建筑混凝土工程质量监督检查、钢结构工程质量监督检查、房建工程质量监督检查。

本书作为铁路建设工程监督检查实务手册,可供各级铁路建设行政主管部门、监管部门、监督机构和建设管理单位参考使用。

图书在版编目(CIP)数据

铁路建设工程监督检查实务手册. 第五分册, 房建工程/广东省交通运输厅组织编写. —北京:人民交通出版社股份有限公司,2023.7

ISBN 978-7-114-18791-9

Ⅰ.①铁… Ⅱ.①广… Ⅲ.①铁路工程—工程施工—监督管理—广东—手册②铁路工程—路侧建筑物—工程施工—监督管理—广东—手册 Ⅳ.①U215.1-62

中国国家版本馆 CIP 数据核字(2023)第 084602 号

Tielu Jianshe Gongcheng Jiandu Jiancha Shiwu Shouce
Di-wu Fence　Fangjian Gongcheng

书　　名:	铁路建设工程监督检查实务手册　第五分册　房建工程
著　作　者:	广东省交通运输厅
责任编辑:	朱明周
责任校对:	孙国靖　刘　璇
责任印制:	张　凯
出版发行:	人民交通出版社股份有限公司
地　　址:	(100011)北京市朝阳区安定门外外馆斜街 3 号
网　　址:	http://www.ccpcl.com.cn
销售电话:	(010)59757973
总 经 销:	人民交通出版社股份有限公司发行部
经　　销:	各地新华书店
印　　刷:	北京建宏印刷有限公司
开　　本:	889×1194　1/16
印　　张:	5
字　　数:	88 千
版　　次:	2023 年 7 月　第 1 版
印　　次:	2023 年 11 月　第 2 次印刷
书　　号:	ISBN 978-7-114-18791-9
定　　价:	36.00 元

(有印刷、装订质量问题的图书,由本公司负责调换)

《铁路建设工程监督检查实务手册》

编审委员会

主　　任：贾绍明

副 主 任：梁育辉　王　新　陈德柱　张　强

委　　员：许传博　肖宇松　张　帆　符　兵
　　　　　顾建华　刘智成　黄力平　余国武
　　　　　安春生　刘明江　李奎双　庄碧涛
　　　　　姜云楼　肖秋生　王爱武　谭　文
　　　　　潘明亮　张　峰　陈山平　郭明泉
　　　　　张晓占　张春武

《铁路建设工程监督检查实务手册》

参与单位

主编单位: 中铁大桥勘测设计院集团有限公司

参编单位: 广东省铁路建设投资集团有限公司

广州地铁集团有限公司

深圳市地铁集团有限公司

广东省交通建设工程质量检测中心

广东省交通运输工程造价事务中心

中铁武汉勘察设计院有限公司

《铁路建设工程监督检查实务手册
第五分册 房建工程》

参与人员

主要起草人员: 张春武　　袁登峰　　吴博博　　曹劲劲

　　　　　　　　郭　节　　廖贵玲　　邓厚良　　刘倩倩

主要审查人员: 王　新　　许传博　　符　兵　　刘明江

　　　　　　　　庄碧涛　　陆　晖　　张晓占　　刘启清

FOREWORD 序 言

推动铁路高质量发展是新时代新征程铁路工作的主题。高质量发展，离不开高质量的监管。广东省交通运输厅组织中铁大桥勘测设计院集团有限公司、中铁武汉勘察设计院有限公司等编制的《广东省铁路工程监管工作标准化指南》和《铁路建设工程监督检查实务手册》（以下分别简称《指南》和《手册》）是推动铁路建设工程监督工作规范化、正规化的具体举措，是推动铁路建设高质量发展、打造"轨道上的大湾区"、助力交通强省建设的重要体现。

《指南》聚焦基层监管人员监督业务不熟练、检查尺度不统一等难题，从"为什么查、查什么、怎么查、查完怎么办"等角度入手，系统地介绍了监管责任分工、监督服务机构的设置和人员要求，阐述了监管工作的方式方法，全面总结了勘察设计、工程造价、质量安全、建设市场秩序、投诉举报和事故调查等监管活动的工作要求和业务流程。《手册》以坚持问题导向、突出重点为原则，明确了工程质量安全的检查事项、检查环节、检查内容、检查方法、依据条款、问题描述、问题定性和处理，采用清单形式，简单明了，便于检查人员操作。

《指南》和《手册》具有很强的操作性，通过统一监管工作要求，细化工作流程，规范监管行为，明确监管重点事项实施清单，可进一步提升铁路监管效能。

《指南》和《手册》有利于指导和督促各工程参建单位全面落实各方主体责任，保证工程优质安全，有助于建设、设计、监理、施工单位技术与管理人员掌握铁路工程质量安全管理要点，检查、监督、控制工程的质量安全，对从事铁路建设工程监管和建设管理的读者也会有一定的帮助。

谨向广大的铁路建设管理人员推荐本系列丛书。

中国工程院院士

2023 年 6 月

PREFACE 前 言

为进一步规范和加强铁路建设工程监管工作,推进铁路高质量发展,依法履行监管职责,提升监管效能,建设优质安全、绿色高效的现代化铁路,广东省交通运输厅组织中铁大桥勘测设计院集团有限公司、中铁武汉勘察设计院有限公司等编制了《铁路建设工程监督检查实务手册》(以下简称《手册》)。《手册》依据现行铁路建设有关法律法规,充分吸收和总结国家铁路局及其地区监督管理局、广东省铁路建设工程监管工作的经验编制而成。

铁路是国家战略性、先导性、关键性重大基础设施,是国民经济大动脉、重大民生工程和综合交通运输体系骨干,在经济社会发展中的地位和作用至关重要。推动新时代铁路高质量发展,离不开有力有效的监管。《手册》的编制,既是落实中共中央、国务院印发的《质量强国建设纲要》和《国务院办公厅关于深入推进跨部门综合监管的指导意见》(国办发〔2023〕1号)的要求,强化事前事中事后全链条监管,提升监管工作标准化、规范化的务实举措,也是督促监管人员落实监管责任、规范监管行为的重要体现。

《手册》分为6个分册,包括《第一分册 参建单位责任》《第二分册 路基与轨道工程》《第三分册 桥涵工程》《第四分册 隧道工程》《第五分册 房建工程》和《第六分册 铁路四电工程》。《手册》具有以下主要特点:一是全面贯彻落实国家及铁路行业现行的法律、法规和标准规范,以推动铁路高质量发展为目标,坚持问题导向、突出重点为原则,确定了铁路建设工程现场安全、工程实体质量检查的事项清单;二是采用清单形式条目化地呈现了铁路各专业重点监管事项的检查环节、检查内容和检查方法,同时一一对应列出了每项检查内容依据的法律条款、问题的描述、突出问题的定性和行政处理建议,便于检查人员操作;三是每册附录列出了铁路建设工程监督检查常用的法律、法规、规章、制度、标准和规范等,并加以编号,在正文中以编号列出,方便查阅,例如:A01指附录"A 法律"的第01项——《中华人民共和国建筑法》,以此类推。

本书为《手册》的第五分册,主要介绍房建工程现场安全监督检查、铁路混凝土工程质量监督检查、建筑混凝土工程质量监督检查、钢结构工程质量监督检查、房建工程质量监督检查,旨在明确房屋建筑工程实体质量、现场安全监督重点事项,突出施工、监理控制关键环节,督促参建各方压实主体责任,克服当前房屋建筑工程常见的质量通病,提高建设管理水平,保证工程优质安全。

《手册》编撰过程中,参考了大量铁路相关法律、法规、规范、规程、验收标准和参考文献资料,特向原作者个人和单位表示感谢。同时,国家铁路局、广州铁路监督管理局给予了大力支持,在此一并感谢。

《手册》作为广东省铁路建设工程监管工作的依据,供各级铁路建设行政主管部门、监管部门、监督机构和建设管理单位参考使用。使用过程中发现的问题和意见建议,请反馈至广东省交通运输厅地方铁路处(地址:广州市越秀区白云路27号,邮政编码:510101),供今后修订参考。

广东省交通运输厅
2023年6月

CONTENTS 目 录

第一章　房建工程现场安全监督检查 ································· 1
　　一、主要检查内容 ··· 1
　　二、安全控制措施 ··· 1
　　三、监督检查事项 ··· 3

第二章　铁路混凝土工程质量监督检查 ······························· 11
　　一、主要检查内容 ·· 11
　　二、质量控制措施 ·· 11
　　三、监督检查事项 ·· 14

第三章　建筑混凝土工程质量监督检查 ······························· 25
　　一、主要检查内容 ·· 25
　　二、质量控制措施 ·· 25
　　三、监督检查事项 ·· 29

第四章　钢结构工程质量监督检查 ··································· 39
　　一、主要检查内容 ·· 39
　　二、质量控制措施 ·· 39
　　三、监督检查事项 ·· 40

第五章　房建工程质量监督检查 ····································· 43
　　一、主要检查内容 ·· 43
　　二、质量控制措施 ·· 44
　　三、监督检查事项 ·· 49

附录　铁路建设工程监督检查常用的法律、法规、规章、制度、标准和规范
　　·· 62

第一章
房建工程现场安全监督检查

房屋建筑工程包括工业、民用与公共建筑工程。房屋建筑工程一般简称建筑工程,是指新建、改建或扩建房屋建筑物和附属构筑物所进行的勘察、规划、设计、施工、安装和维护等各项技术工作及其完成的工程实体。铁路房屋建筑工程主要包括旅客站房、站台雨棚、行车调度及信息服务房屋、机车车辆检修保养类房屋、货运仓库和货运机械维修保养类房屋、供水和配电及牵引供电类房屋、工务和电务维修类房屋、卫生防疫类房屋、乘务员公寓、职工宿舍、警务用房等及相关的各类构筑物。

房屋建筑工程监督检查主要内容是施工现场安全方面和实体质量,涉及对建设单位、施工单位、监理单位、检测单位等建设各方的职责和行为的检查。

一、主要检查内容

房建工程现场基本作业安全主要检查内容有:专项施工方案编制、审批及现场执行情况,施工现场封闭管理,基坑施工安全,模板与支(拱)架施工安全,施工现场防火管理,临边防护,高处作业安全,起重吊装作业安全,特殊环境作业安全等事项。重点是基坑施工安全、模板与支(拱)架施工安全、高处作业安全、起重吊装作业安全等。

二、安全控制措施

1. 专项施工方案编制、审批及现场执行情况

施工单位必须编制安全施工方案,并报监理和建设单位审查。

2. 施工现场封闭管理

(1)生产区、辅助生产区、办公、生活区合理划分区域,并采取隔离措施。

(2)临时围挡采用硬质材料搭设,坚固,定期检查。

(3)按照施工方案和防护的要求设置防护隔离围挡及安全警示标志,保障安全施工。

(4)施工前进行安全技术交底,明确作业范围及注意事项。

(5)现场作业机械应与施工计划中提报的相符,性能良好,操作人员所从事的工种应在

上岗证件所批准的工种范围内。

(6)铁路营业线附近施工,周围应设置防护和安全警示标志,专人监护,规范作业。采取防止高大施工机械设备倾倒、侵限的措施。

(7)进行邻近铁路营业线的基坑开挖或桩基施工时,先评估施工方案,再按批准的施工方案严格做好变形监测,出现危险预兆时采取相应的防范措施。

(8)进行邻近铁路营业线施工,现场爆破应采取控制爆破。爆破前,制订安全防范措施和抢修应急预案,防止可能造成的行车设备损坏,避免影响行车安全。

3. 基坑施工安全

(1)基坑开挖过程中,按设计和施工安全技术规范的要求,对支护结构的位移和应力、邻近建筑物的沉降与位移、地下水位变化、基底隆起等进行系统监测。

(2)基坑作业区域设置护栏及安全警示标志。

4. 模板与支(拱)架施工安全

(1)施工前制订模板与支(拱)架安全技术措施,向作业人员进行安全技术交底。

(2)模板与支(拱)架施工人员应有专用通道。

(3)支(拱)架拆除遵循"先支后拆,后支先拆"的顺序,严禁强拉硬拽。

5. 施工现场防火管理

(1)施工单位应建立防火相关管理制度,制订火灾应急预案并进行演练。

(2)施工现场明确划分禁火区,设警示标志,配备足够灭火器材,灭火器应在有效期内。

6. 临边防护

施工作业面洞口及临空边、上下通道两侧应设置栏杆、防护网等安全防护措施。

7. 高处作业安全

(1)高处作业施工前应编制安全技术方案,工艺复杂、危险性较大的工程应编制安全专项施工方案。

(2)高处作业人员及特种作业人员应经教育培训合格,取得上岗证。特殊工种人员应持证上岗。

(3)施工单位应向作业人员提供安全防护用具和安全防护服装,作业人员应佩戴或正确使用安全防护用品。

(4)作业人员在临边、通道口等作业,施工单位应采取安全防护措施,标示警戒区域。

(5)悬空作业所用的索具、脚手板、吊篮、吊笼、平台等设施应经技术检算,验收合格后再投入使用。

(6)候车大厅、售票厅等大空间屋面施工、吊顶作业,作业点下方应设置水平防护设施和隔离区。

8. 起重吊装作业

(1) 危险性较大、环境复杂的吊装作业应编制安全专项施工方案。

(2) 起重吊装作业人员应经教育培训考试合格,特种作业人员应持证上岗。

(3) 起重吊装作业前应进行安全检查。

9. 特殊环境作业安全

(1) 应编制安全专项施工方案,经审批通过后再实施。

(2) 应制订事故应急预案并进行演练。

(3) 施工单位安全责任人应对作业人员进行安全技术交底、安全培训。

(4) 防护用品应配备齐全。

三、监督检查事项

房建工程现场安全监督检查项点主要有检查环节、检查内容和方法、检查依据、常见问题或情形、定性、处理依据和处理措施,具体内容详见表1-1。

基本作业安全监督检查事项

表 1-1

序号	检查环节	检查内容和方法	检查依据	常见问题或情形	定性	处理依据	处理措施
1	专项施工方案编制、审批及现场执行情况	查专项方案的编制、审批及执行情况	D01 第3.2.1条	未编制施工方案	在施工组织设计中未编制专项施工方案	B01 第六十五条第4款	责令限期改正，责令停业整顿，罚款
				未评审或审批手续不全	未对施工组织设计中的安全技术措施或者专项施工方案进行审查	B01 第五十七条第1款	责令限期改正，责令停业整顿，罚款
				现场未按批准的方案执行	不按标准规定进行安全防护	—	责令改正
2	施工现场封闭管理	1. 查施工现场封闭管理情况；2. 查铁路营业线及邻近铁路营业线施工区域安全管理情况	D01 第17.1.5条、第17.3.2条、第18.2.1条、第18.3.2条～第18.3.5条	1. 生产区、辅助生产区、办公、生活区未合理划分区域，未采取隔离措施；2. 临时围挡未采用硬质材料搭设坚固，松动、开裂、倾斜情况时未及时采取加固措施，堆放的物品、弃土等距围挡小于1m；	未在施工现场采取相应的安全施工措施	B01 第六十四条	责令限期改正

续上表

序号	检查环节	检查内容和方法	检查依据	常见问题或情形	定性	处理依据	处理措施
2	施工现场封闭管理	1. 查施工现场封闭管理情况； 2. 查铁路营业线及邻近铁路营业线施工区域安全管理情况	D01 第17.1.5条、第17.3.2条、第18.2.1条、第18.3.2条~第18.3.5条	3. 营业线施工：安全防护方案和施工方案不满足要求；人员全部到位，未进行防护讲话，机械设备和施工机具、机械设备到位后，未进行班前讲话，未明确作业范围及注意事项，现场作业机械与施工计划中提报的不符，性能欠佳，操作人员证件不齐且无效； 4. 营业线附近倒车、卸车时，周围未设置防护和安全警示标志，无专人监护，停放的车辆、机械未平行于线路放置，操作人员置自启动机械作业； 5. 邻近营业线进行基坑开挖或桩基施工时，未按施工方案开展变形监测评估，未采取相应的防范措施； 6. 爆破作业时，现场未采取控制爆破，对可能造成的行车设备损坏，未采取安全防护措施和编制抢修应急预案； 7. 临近营业线施工机械设备倾倒侵限设施	未在施工现场采取相应的安全施工措施	B01 第六十四条	责令限期改正

续上表

序号	检查环节	检查内容和方法	检查依据	常见问题或情形	定性	处理依据	处理措施
3	基坑施工安全	1.查基坑施工的监控量测情况；2.查基坑作业防护栏杆及警示标志设置情况	D01 第10.2.1条	基坑开挖过程中未按设计要求对支护结构的位移和应力、邻近建筑物的沉降与位移、地下水位变化、基底隆起等进行系统监测	不按设计图纸施工，存在安全隐患	B02 第二十八条、第六十四条	责令限期改正，责令停业整顿，罚款
				基坑作业区未设置护栏及安全警示标志	未在施工现场采取相应的安全施工措施，未在施工现场的危险部位设置明显的安全警示标志	B01 第六十四条 第3款	责令限期改正，责令停业整顿，罚款
4	模板与支(拱)架施工安全	1.查模板与支(拱)架安全技术措施和技术交底记录；2.查模板与支(拱)架施工人员专用通道；3.查是否遵循"先支后拆，后支先拆"的原则	D01 第9.3.2条	施工前未制订安全技术措施，未向作业人员进行安全技术交底	存在安全生产隐患	—	责令改正
			D01 第9.3.5条	无施工人员专用通道	存在安全隐患	—	责令改正
			D01 第9.3.8条	支架拆除未遵循"先支后拆，后支先拆"的顺序，出现强拉硬拽等现象	存在安全生产隐患	—	责令改正

第一章 ◇ 房建工程现场安全监督检查

续上表

序号	检查环节	检查内容和方法	检查依据	常见问题或情形	定性	处理依据	处理措施
5	施工现场防火管理	查防火管理制度	D01 第8.1.2条	未建立相关管理制度或管理制度不全	—	—	责令改正
		火灾应急预案及演练记录	D01 第8.1.6条	未制订火灾应急预案或未进行演练	—	—	责令改正
		查现场灭火器材配备情况，查安全标志	D01 第8.1.3条	施工现场灭火器材配备失效，施工现场未明确划分禁火区，未设警示标志	未在施工现场的危险部位设置明显的安全警示标志，未按照有关规定配备消防设施和灭火器材	B01 第六十二条 第3款	责令限期改正，责令停业整顿，罚款
		查防火检查记录	D01 第8.1.5条	无防火检查记录	—	—	责令改正
6	临边防护	查作业面洞口及临空边安全防护措施	D01 第10.2.1条	楼梯口、电梯井口、预留洞口、通道口，尚未安装栏杆的阳台周边，无外架防护楼层周边，框架工程及斜道上下跨道的两侧边，卸料平台的侧边未按规定进行防护	存在安全生产隐患	—	责令改正

续上表

序号	检查环节	检查内容和方法	检查依据	常见问题或情形	定性	处理依据	处理措施
7	装饰装修高处作业安全	查作业区域内安全防护情况	D01 第10.1.11条	候车大厅、售票厅等大空间屋面施工、吊顶作业,作业点下方未设水平防护设施和隔离区	存在安全生产隐患	—	责令改正
8	起重吊装作业安全	查危险性较大、环境复杂的吊装作业安全专项施工方案及审批资料	D01 第11.1.2条	危险性较大、环境复杂的吊装作业未编制安全专项施工方案	—	—	责令改正
		查起重吊装作业人员的教育培训资料及特种作业人员证件	D01 第11.1.3条	起重吊装的作业人员未经教育培训、特种作业人员未持证即上岗	作业人员或特种作业人员未经安全教育培训或考核不合格即从事相关工作	B01 第六十二条第2款	责令限期改正,责令停业整顿,罚款
		起重机械安全检查	D01 第11.1.4条	起重吊装前未进行安全检查	—	—	责令改正
9	高处作业安全	查高处作业安全专项施工方案及审批情况资料	D01 第10.1.2条	高处作业、工艺复杂、危险性较大的工程未编制安全专项施工方案	在施工组织设计中未编制安全技术措施或专项施工方案	B01 第六十五条第4款	责令限期改正,责令停业整顿,罚款

续上表

序号	检查环节	检查内容和方法	检查依据	常见问题或情形	定性	处理依据	处理措施
9	高处作业安全	查高处作业人员教育培训资料及特种作业人员证件	D01 第3.5.2条	高处作业人员未经教育培训合格，特殊工种人员未持证即上岗	作业人员未经安全教育培训或考核不合格即从事相关工作	B01 第六十二条 第2款	责令限期改正，责令停业整顿，罚款
		查安全防护用品使用情况	D01 第10.1.4条、第10.3.3条	未佩戴或未正确使用安全防护用品，未向作业人员提供安全防护用具和安全防护服装	未向作业人员提供安全防护用具和安全防护服装	B01 第六十二条 第4款	责令限期改正，责令停业整顿，罚款
		查安全防护措施及警戒区域设置情况	D01 第10.1.11条	临边、通道口等作业未采取安全防护措施或未标示警戒区域	未在施工现场的危险部位设置明显的安全警示标志	B01 第六十二条 第3款	责令限期改正，责令停业整顿，罚款
		查悬空作业所用的索具、脚手板、吊篮、吊笼、平台等的安全技术验算资料及验收记录	D01 第10.3.1条	悬空作业所用的索具、吊篮、吊板、脚手板、吊笼、平台等设施未经安全技术验算或验收不合格即投入使用	未经验收或者验收不合格	B01 第六十五条 第2款	责令限期改正，责令停业整顿，罚款

续上表

序号	检查环节	检查内容和方法	检查依据	常见问题或情形	定性	处理依据	处理措施
10	特殊环境作业安全	查安全专项施工方案及审批资料	D01 第3.2.1条	未编制安全专项施工方案或审批手续不全	在施工组织设计中未编制专项施工方案	B01 第六十五条第4款	责令限期改正，责令停业整顿，罚款
		查事故应急预案及演练记录	D01 第14.1.5条	未制订事故应急预案或未进行演练	—	—	责令限期改正，责令停业整顿，罚款
		查作业人员安全技术交底资料、安全培训记录	D01 第3.3.2条、第3.5.2条	未对作业人员进行安全技术交底、安全培训	施工前未对有关安全施工的技术要求作出详细说明	B01 第六十四条第1款	责令改正
		查作业人员配备的劳动防护用品	D01 第14.1.3条	防护用品缺失	—	—	责令限期改正，责令停业整顿，罚款

注：各责任单位未按照法律、法规和工程建设强制性标准进行建设、勘察、设计、施工和监理而导致建设工程实体和现场存在安全隐患的，责令限期改正；情节严重或逾期未改正的，责令停业整顿；造成重大安全事故、重大伤亡事故或者其他严重后果的，处以罚款；构成犯罪的，依照刑法有关规定追究刑事责任。

第二章
铁路混凝土工程质量监督检查

一、主要检查内容

铁路混凝土工程质量监督检查内容主要包括：基本规定、模板及支（拱）架、钢筋、混凝土、预应力、砌体。其中，基本规定方面主要检查参加施工质量验收的各方人员资格、基本规定、隐蔽工程；模板及支（拱）架方面主要检查模板及支（拱）架安装、拆除；混凝土方面主要检查混凝土分项、商品混凝土拌和站；预应力方面主要检查预应力分项、施工工艺；砌体方面主要检查原材料、施工工艺、填充墙等。

检查要点包括：原材料、构配件、成品进场验收；涉及结构安全和使用功能的原材料、构配件、成品抽样试验检验；对隐蔽工程形成验收记录并留存影像资料；模板及支（拱）架安装、拆除；钢筋接头质量检验；混凝土强度检验；混凝土表面裂缝宽度检验；预应力筋及构配件进场检验；预应力筋张拉顺序、工艺及施工技术方案检查；孔道压浆灌浆料检查；砌体块材和砂浆强度等级检查；砌体砂浆配合比、拌制；采用化学植筋的方式连接填充墙与承重主体结构时，锚固钢筋应进行拉拔试验等。

二、质量控制措施

1. 基本规定

1）参加施工质量验收的各方人员资格

建设单位审核、确认参加工程施工质量验收的各方人员职称、执业资格证、人事任命、参建单位主要管理人员变更记录等材料，并记录备案。

2）基本规定

（1）施工单位应对进场原材料、构配件和设备的外观、规格、型号和质量证明文件等进行验收，形成相关记录，并经监理工程师检查、认可。

（2）涉及结构安全和使用功能的原材料、构配件、成品，应按质量验收标准进行试验检验。

(3)相关专业工序之间的交接检验应经监理工程师检查认可,才能进行下道工序施工。

(4)应对隐蔽工程全数进行检查,形成验收记录并留存影像资料。

2. 模板及支(拱)架

(1)施工单位应编制模板及支(拱)架安装、拆除施工方案,经审批后实施。

(2)支架安装应牢固。

(3)模板安装稳固牢靠,接缝严密,与混凝土接触面涂刷隔离剂。

(4)拆除模板及支(拱)架时,混凝土经强度检测、达到规定的强度才能拆除模板及支(拱)架。

3. 钢筋

(1)原材料、构配件、半成品及设备进场,按批次抽样检测、验收,形成记录,监理单位按质量验收标准的要求进行平行检验。

(2)对环氧涂层钢筋的涂层相关参数进行检测,监理单位见证检验。

(3)按批次检验钢筋接头质量,监理单位见证检验。

(4)钢筋镦粗和滚轧直螺纹接头的拧紧力矩按10%进行抽检,监理单位见证检验。

(5)同一连接区段,钢筋接头百分率应符合设计要求。

(6)保护层垫块数量应满足设计要求,钢筋保护层厚度应符合设计要求。

(7)如果环氧涂层钢筋的涂层在安装时受损,应按要求修复。

4. 混凝土

1)混凝土分项

(1)混凝土原材料按质量验收标准的规定进行检验,监理单位进行平行检验。

(2)混凝土水胶比和胶凝材料用量应满足规范的要求。

(3)混凝土拌和物出场前应进行坍落度、含气量和温度参数测定。

(4)混凝土入模坍落度及含气量应满足配合比设计要求或相关规定。

(5)混凝土入模温度应在5~30℃之间,混凝土入模温度与环境、相邻介质温差应满足要求,新浇筑混凝土入模温度与邻近已硬化混凝土表面温差不大于15℃。

(6)混凝土凿毛露出新鲜混凝土面积应达到75%,凿毛时强度应达到规定要求。

(7)拆模时混凝土芯部、表面、环境温差应符合要求。

(8)施工单位按实际需要留置同条件养护试件,混凝土强度应符合设计要求,监理单位按要求对混凝土强度进行10%的平行检验。

(9)混凝土表面裂缝宽度不大于0.2mm,预应力区域不应出现裂缝。

2)商品混凝土拌和站

建设单位应组织参建单位对商品混凝土供应商的拌和站进行评估验收。

5. 预应力

1）预应力分项

（1）预应力筋、锚具、夹具和连接器进场时应按要求进行检验，监理单位见证检验。

（2）梁体孔道压浆用水泥应采用性能稳定、强度等级不低于42.5级的低碱硅酸盐或低碱普通硅酸盐水泥，其性能符合规范和设计的要求。

（3）梁体孔道压浆用减水剂、水泥的性能和检验应符合D16第6.2.5条的有关规定。

（4）采用压浆剂或压浆料时，材料性能指标应符合相关标准的规定。

（5）预留孔道所用的金属波纹管、橡胶棒（管）等和先张预应力筋隔离套管在使用前，其外观应清洁，内外表面无锈蚀、油污、附着物、孔洞和不规则褶皱，咬口无开裂、脱扣现象。

（6）预应力筋张拉顺序和工艺应符合设计和施工技术方案的要求。

（7）预应力筋实际伸长值和计算伸长值的差值不应超过预应力筋总数的5%，不应位于结构的同一侧，且每束内断丝不应超过1根。

2）施工工艺

（1）孔道压浆浆体的强度、流动性、凝结时间、泌水率、膨胀率、含气量等性能应符合设计和相关标准的要求。

（2）梁体封锚（端）施工前，应对锚穴（端）进行全面凿毛处理。

（3）封锚（端）所用混凝土品种和强度等级、钢筋网尺寸、钢筋品种、规格和保护层厚度应符合设计要求。

（4）封锚（端）混凝土应进行保温养护，养护时间应符合规定，养护结束后应进行防水处理。

6. 砌体

1）原材料

（1）原材料进场应有出厂合格证或产品性能型式检验报告。

（2）对块材、水泥、钢筋、外加剂、预拌砂浆、预拌混凝土的主要性能应进行检验。

（3）拌制砂浆用水应符合《混凝土用水标准》（JGJ 63—2006）的有关规定。

（4）砂浆应有配合比设计。

（5）砂浆中掺入的外加剂品种和用量应经有资质的检测单位检验和试配确定。

（6）块材和砂浆的强度等级应符合设计要求。

2）施工工艺

（1）砌筑砂浆应采用机械拌制。

（2）统一验收批砌筑砂浆试块强度平均值不小于设计强度等级值的1.10倍，最小一组平均值不小于设计强度等级值的85%。

（3）干砖或吸水饱和的砖不应直接用于砌筑。

（4）砌体灰缝砂浆饱满度：砌墙水平灰缝不低于80%，砌筑水平灰缝和竖向灰缝不低于90%。

（5）砌体转角和交接处应砌成槎。

3）填充墙

（1）混凝土砌块的产品龄期不应小于28d。

（2）不同块体或不同强度等级的同类块体不应混砌。

（3）承重主体结构检验批经验收合格后，再进行填充墙砌筑；填充墙与承重主体结构的空（缝）隙施工应在填充墙砌筑14d后进行。

（4）填充墙与承重主体结构的连接钢筋，当采用化学植筋的连接方式时，对锚固钢筋应进行拉拔试验。

三、监督检查事项

铁路混凝土工程质量监督检查项点主要有检查环节、检查内容和方法、检查依据、常见问题或情形、定性、处理依据和处理措施，具体内容详见表2-1～表2-6。

基本规定方面监督检查事项

表 2-1

序号	检查环节	检查内容和方法	检查依据	常见问题或情形	定性	处理依据	处理措施
1	参加施工质量验收的各方人员资格管理	1.查建设单位审核、确认、备案记录；2.查参建单位主要管理人员变更记录；3.查各方人员职称、执业资格证、人事任命等材料	D16 第3.1.8条	1.参加工程施工质量验收的各方不具备规定的资格；2.各种检查记录签证人员未报建设单位确认、备案	违反技术标准	—	责令改正
2	基本规定	查材料、构配件和设备进场验收记录、工序间交接检查记录或检验批	D16 第3.1.7条	施工单位未对进场原材料、构配件和设备的外观、规格、型号及质量证明文件进行验收，无进场验收记录，无抽样试验记录，储存条件不符合要求，未经监理工程师检查认可	未对建筑材料、构配件、设备进行检验	B02 第六十五条	责令改正，罚款等
				涉及结构安全和使用功能的原材料、构配件及设备（如电梯、自动扶梯等），未进行检验	未对建筑材料、构配件、设备进行检验	B02 第六十五条	责令改正，罚款等
				每道工序完成后，施工单位未进行自检并形成相关的交接检查记录，未经监理工程师检查认可即进行下道工序施工	未按施工技术标准施工	B02 第六十四条	责令改正，罚款等

续上表

序号	检查环节	检查内容和方法	检查依据	常见问题或情形	定性	处理依据	处理措施
3	隐蔽工程	查隐蔽工程验收记录、影像资料	D16 第3.1.7条	隐蔽工程未全数检查，未留存影像资料	未按施工技术标准施工	B02 第六十四条	责令改正，罚款等

注：各责任单位未按照法律、法规和工程建设强制性标准履行建设、勘察、设计、施工和监理等质量职责或由此导致建设工程存在实体质量问题的，责令限期改正，处以罚款；情节严重或造成工程质量事故的，责令停业整顿，降低资质等级或吊销资质证书；造成损失的，依法承担赔偿责任。

模板及支（拱）架监督检查事项

表2-2

序号	检查环节	检查内容和方法	检查依据	常见问题或情形	定性	处理依据	处理措施
1	模板及支（拱）架安装、拆除	1. 查已审批的施工方案； 2. 查支架安装是否牢固； 3. 查模板接缝是否严密、与混凝土接触面是否涂刷隔离剂； 4. 查拆除时混凝土强度检测报告	D16 第4.2.2条	模板安装不稳固、牢靠，接缝不严密，未刷隔离剂	—	—	责令改正
			D16 第4.3.1条	混凝土未达到规定的强度即拆除模板及支（拱）架	未按施工技术标准施工	—	责令改正

钢筋监督检查事项

表 2-3

序号	检查环节	检查内容和方法	检查依据	常见问题或情形	定性	处理依据	处理措施
1	钢筋分项	查材料、构配件和设备进场验收记录、抽样检测报告、监理单位平行检测记录	D16 第5.2.1条~ 第5.2.5条	1. 多个批次钢筋组成一个检验批进行检验；购买的钢筋半成品没有经过检验； 2. 未检测环氧涂层钢筋的涂层相关参数，套筒和锁母未按批次进行检验，保护层垫块的强度和耐久性低于结构本体混凝土的要求	未对建筑材料、构配件进行检验，未按施工技术标准施工	B02 第六十四条、第六十五条	责令改正，罚款
			D16 第5.3.1条、第5.3.2条	1. 未对钢筋弯制末端的弯钩按10%进行抽检，监理未平行检验； 2. 未对钢筋镦粗和滚轧直螺纹接头外观质量和尺寸按2%进行抽检，监理未见证检验	未对建筑材料、构配件进行检验，未按施工技术标准施工	B02 第六十四条、第六十五条	责令改正，罚款

续上表

序号	检查环节	检查内容和方法	检查依据	常见问题或情形	定性	处理依据	处理措施
1	钢筋分项	查材料、构配件和设备进场验收记录、抽样检测报告、监理单位平行检测记录	D16 第5.4.1条~ 第5.4.3条	1. 钢筋接头质量未按批次进行检验； 2. 未对钢筋镦粗和滚轧直螺纹接头的拧紧力矩按10%进行抽检，监理未见证检验； 3. 同一连接区段，钢筋接头百分率不符合设计要求	未对建筑材料、构配件进行检验，未按施工技术标准施工	B02 第六十四条、第六十五条	责令改正，罚款
			D16 第5.5.2条~ 第5.5.3条	1. 保护层垫块数量不满足要求，导致钢筋变形后保护层不足； 2. 环氧涂层钢筋在安装时损伤，未按要求修复	未对建筑材料、构配件进行检验，未按施工技术标准施工	B02 第六十四条、第六十五条	责令改正，罚款

混凝土监督检查事项

表 2-4

序号	检查环节	检查内容和方法	检查依据	常见问题或情形	定性	处理依据	处理措施
1	混凝土分项	查材料进场验收记录、配合比设计	D16 第6.2节、第6.3.5条	1. 混凝土原材料未按规定进行检验，检测参数不全，监理单位未做平行检验； 2. 混凝土配合比中水胶比和胶凝材料用量不满足要求或D16第6.3.5条的有关规定	未对建筑材料、构配件进行检验，未按施工技术标准施工	B02 第六十四条、第六十五条	责令改正，罚款
			D16 第6.4.1条~第6.4.5条	1. 混凝土拌和物出场前未进行坍落度测定，配合比设计相关规定； 2. 混凝土入模含气量不满足设计要求； 3. 混凝土入模坍落度不满足相关规定； 4. 混凝土入模温度高于30℃，冬期施工时入模温度低于5℃，相邻介质温度与环境、相邻介质质量温度差不满足要求； 5. 新浇筑混凝土与邻近已硬化混凝土表面温差大于15℃； 6. 常用预制混凝土小型构件外观质量缺陷超出允许偏差值	未对建筑材料、构配件进行检验，未按施工技术标准施工	B02 第六十四条、第六十五条	责令改正，罚款

续上表

序号	检查环节	检查内容和方法	检查依据	常见问题或情形	定性	处理依据	处理措施
1	混凝土分项	查材料进场验收记录、配合比设计	D16 第6.4.7条、第6.4.9条~第6.4.11条、第6.4.14条	1. 混凝土凿毛露出新鲜混凝土面积达不到75%，凿毛时强度达不到规定；2. 拆模时混凝土芯部、表面、环境温差不符合要求；3. 监理未按要求对混凝土强度进行10%的平行检验；4. 未按实际需要留置同条件养护试件；5. 混凝土表面裂缝宽度大于0.2mm，预应力区域出现混凝土裂缝	未对建筑材料、构配件进行检验，未按施工技术标准施工	B02 第六十四条、第六十五条	责令改正，罚款
2	商品混凝土拌和站	查商品混凝土拌和站评估验收情况	D16 第3.1.5条	建设单位未组织参建单位对商品混凝土供应商的拌和站进行评估验收	—	—	责令改正

预应力监督检查事项

表 2-5

序号	检查环节	检查内容和方法	检查依据	常见问题或情形	定性	处理依据	处理措施
1	预应力分项	1. 查预应力相关材料的检验资料； 2. 查张拉顺序和工艺	D16 第7.2.1条~ 第7.2.7条、 第7.4.3条~ 第7.4.5条	1. 预应力筋进场时未按要求进行检验； 2. 预应力筋用锚具、夹具和连接器进场时未按要求进行检验； 3. 梁体能稳定、强度等级不低于42.5的低碱硅酸盐或普通硅酸盐水泥，其性能不符合现行《通用硅酸盐水泥》(GB 175)的规定和设计要求； 4. 梁体孔道压浆用减水剂的性能和检验不符合D16第6.2.5条的有关规定； 5. 梁体孔道压浆用水的性能和检验不符合D16第6.2.5条的有关规定； 6. 采用压浆剂或压浆料时，材料性能指标不符合相关标准的规定； 7. 预留孔道所用的金属波纹管、橡胶棒(管)等在使用前，其外观不清洁，内外表面有锈蚀、油污，附着物，孔洞和不规则皱、咬口开裂、脱扣；	未对建筑材料、构配件进行检验，未按施工技术标准施工	B02 第六十四条、 第六十五条	责令改正，罚款等

续上表

序号	检查环节	检查内容和方法	检查依据	常见问题或情形	定性	处理依据	处理措施
1	预应力分项	1. 查预应力相关材料的检验资料； 2. 查张拉顺序和工艺	D16 第7.2.1条~ 第7.2.7条、 第7.4.3条~ 第7.4.5条	8. 张拉顺序和工艺不符合设计和施工技术方案的要求； 9. 预应力筋实际伸长值计算值的差值大于±6%；预应力筋断丝或滑脱数量超过预应力筋总数的5%，并位于结构的同一侧，且每束内断丝超过1根	未对建筑材料、构配件进行检验，未按施工技术标准施工	B02 第六十四条、 第六十五条	责令改正，罚款等
2	施工工艺	1. 查技术交底记录； 2. 查施工记录	D16 第7.3.3条~ 第7.3.5条、 第7.4.2条、 第7.4.5条~ 第7.5.1条~ 第7.5.3条	1. 孔道压浆浆体的强度、流动性、凝结时间、泌水率、膨胀率、含气量等性能不符合设计和相关标准的要求； 2. 梁体封锚（端）施工前，未对锚穴（端）进行全面凿毛处理；封锚（端）所用混凝土品种和强度等级、钢筋网尺寸、钢筋品种、规格和保护层厚度不符合设计要求；封锚（端）混凝土未进行养护或养护时间不符合D16第6.4.8条的规定；养护结束后未进行防水处理	未按设计或技术标准施工	B02 第六十四条	责令改正，罚款等

砌体监督检查事项

表 2-6

序号	检查环节	检查内容和方法	检查依据	常见问题或情形	定性	处理依据	处理措施
1	原材料	1. 查产品出厂合格证; 2. 查进场验收记录; 3. 查检测报告	D37 第4.0.4条、 第4.0.5条、 第4.0.7条、 D38 第3.1.2条、 第3.2.2条、 第3.3.1条	1. 原材料进场无出厂合格证或产品性能型式检验报告;未对块材、水泥、钢筋、外加剂、预拌砂浆、预拌混凝土的主要性能进行检验; 2. 拌制砂浆用水不符合现行《混凝土用水标准》(JGJ 63)的有关规定; 3. 砂浆没有配合比设计; 4. 砂浆中掺入的外加剂品种和用量未经有资质检测单位检验和试配确定	未检先用,降低工程质量	B02 第六十五条	责令改正,罚款等
				块材和砂浆的强度等级不符合设计要求	使用不合格材料	B02 第六十四条	责令改正,罚款等

续上表

序号	检查环节	检查内容和方法	检查依据	常见问题或情形	定性	处理依据	处理措施
2	施工工艺	1. 查砌筑砂浆配合比设计； 2. 查技术交底记录； 3. 查砌筑砂浆强度检测报告； 4. 查砌筑砂浆搅拌方式； 5. 查砖砌体湿润度； 6. 查砖砌体在转角和交界处砌法	D37 第4.0.9条、第4.0.12条、 第5.1.6条、第5.2.2条、 D38 第5.1.3条	1. 采用人工拌制砌筑砂浆； 2. 统一验收批砌筑砂浆试块强度平均值小于设计强度等级值的1.10倍，最小一组平均值小于设计强度等级值的85%； 3. 干砖或吸水饱和砖的直接用于砌筑； 4. 砌体灰缝砂浆饱满度：砌筑水平灰缝低于80%，砌筑竖向灰缝低于90%； 5. 砌体在转角和交界处未砌成槎	未按设计或技术标准施工	B02 第六十四条	责令改正，罚款等
3	填充墙	1. 查混凝土砌块的产品龄期； 2. 查施工记录； 3. 查化学植筋实体检测报告； 4. 查同一单元砌筑块体的一致性； 5. 查冬期施工方案及措施	D37 第9.1.2条、第9.1.8条、第9.1.9条、第9.2.3条、第10.0.1条	1. 混凝土砌块的产品龄期小于28d； 2. 不同块体或不同强度等级的同类块体混砌； 3. 砌筑填充墙时，承重主体结构检验批砌筑未验收，填充墙与承重主体填充墙砌筑在主体空（缝）隙施工在14d内进行； 4. 填充墙与承重主体结构的连接钢筋，锚固钢筋未经植筋方式时，锚固钢筋未经拉拔试验； 5. 当室外日平均气温连续5d稳定低于5℃时，未采取冬期施工措施	未按设计或技术标准施工	B02 第六十四条	责令改正，罚款等

第三章
建筑混凝土工程质量监督检查

一、主要检查内容

建筑混凝土工程质量监督检查内容主要包括：基本规定、模板及支架工程、钢筋分项工程、预应力分项工程、混凝土分项工程、现浇结构分项工程、装配式结构分项工程等。其中，基本规定方面主要检查参加施工质量验收的各方人员资格管理、质量验收；模板及支架工程方面主要检查模板及支(拱)架安装、模板及支(拱)架拆除；钢筋分项工程方面主要检查原材料、连接、安装、验收；预应力分项工程方面主要检查隐蔽工程、原材料、施工工艺；混凝土分项工程方面主要检查原材料、混凝土拌合物、混凝土施工；现浇结构分项工程方面主要检查一般规定、外观质量、结构位置及尺寸；装配式结构分项工程方面主要检查一般规定、预制构件、安装与连接等事项。

检查要点：参加施工质量验收的各方人员资格管理，原材料、构配件进场检验，重要工序施工操作记录、关键工序的影像资料，检查问题整改闭合情况，模板及支(拱)架安装、拆除，抗震钢筋性能抽样检验，受力钢筋的安装位置及锚固方式，预应力隐蔽工程验收记录及影像资料，预应力筋安装位置，预应力灌浆用水泥浆中氯离子含量，外露锚具和预应力筋的混凝土保护层厚度，混凝土强度，现浇结构尺寸偏差，装配式结构接缝施工质量及防水性能试验检验，预制构件结构性能抽样检验及后浇混凝土强度检验。

二、质量控制措施

1. 基本规定
1) 参加施工质量验收的各方人员资格管理
(1) 参加施工质量验收的各方应具备规定的资格。
(2) 各种检查记录签证人员应报建设单位确认、备案。
2) 质量验收
(1) 原材料、构配件进场报验资料应完整，监理平行检验数量应符合现行《混凝土结构工程施工质量验收规范》(GB 50204)的要求。

(2) 重要工序施工操作应有记录,关键工序应存留影像资料。

(3) 分项工程验收记录所含检验批的质量验收记录应完整。

(4) 日常检查问题、监理工程师通知单、静态验收遗留问题应整改闭合。

(5) 经返修或加固处理的分项工程应按技术处理方案的要求予以验收。

(6) 对于部分资料缺失的实体工程,应委托有资质的检测机构进行相应的实体检验和抽样试验。

(7) 对经返修或加固处理仍不能满足结构安全和使用功能要求的检验批和分项工程,不得进行验收。

2. 模板及支架工程

1) 模板及支(拱)架安装

(1) 模板及支(拱)架的安装,应符合经监理单位审核通过的支架、模板安装和拆除专项施工方案的要求,超过一定规模的危险性较大的分部分项工程的专项施工方案须经专家论证通过。

(2) 模板工程中的爬升式模板工程、工具式模板工程及高大模板支架工程的施工方案,应按有关规定进行技术论证。

(3) 模板及支(拱)架所用材料的技术指标应符合国家现行有关标准的规定。

(4) 现浇混凝土结构模板及支架的安装质量应符合国家现行有关标准的规定和施工方案的要求。

(5) 后浇带处模板及支架应独立安装。

(6) 地面应有防排水、防冻融措施,支架下应有底座或垫板。

2) 模板及支(拱)架拆除

(1) 模板及支(拱)架拆除施工方案应经过审批。

(2) 混凝土经检测达到规定的强度后,才能按拆除顺序拆除模板及支(拱)架。

3. 钢筋分项工程

1) 原材料

(1) 钢筋原材料进场验收记录或质量证明文件应齐全。

(2) 抽样试验记录或检验项目应完整。

(3) 抗震钢筋抽样检验三项指标应符合下列要求:①钢筋的抗拉强度实测值与屈服强度实测值的比值不应小于1.25;②钢筋的屈服强度实测值与屈服强度标准值的比值不应大于1.30;③钢筋的最大力下总伸长率不应小于9%。

2）连接

（1）钢筋的连接方式应与设计相符。

（2）接头试件应从工程实体中截取，其力学性能、弯曲性能应符合国家现行有关标准的规定。

3）安装

（1）牌号、规格、数量应符合设计要求，更改钢筋规格应办理变更手续。

（2）受力钢筋的安装位置、锚固方式应符合设计要求。

4）验收隐蔽工程钢筋验收记录

钢筋规格、型号、位置、连接、保护层厚度等相关内容应与设计相符，浇筑混凝土前应留存影像资料。

4．预应力分项工程

1）隐蔽工程

（1）浇筑混凝土前应进行预应力隐蔽工程验收，主要包括预应力筋、成孔管道位置，锚具、连接器、锚垫板的规格、型号、数量及定位等。

（2）成孔管道位置偏差应符合设计要求。

2）原材料

（1）预应力材料质量、品种、级别、规格、数量应与设计相符。

（2）原材料产品应有出厂合格证，并进行进场抽样检验，做好记录。对锚具、夹具和连接器锚固区传力性能应进行试验检验。

（3）无粘结预应力钢绞线进场时应进行防腐润滑脂量和保护套厚度的检验。

（4）对于处于三 a、三 b 类环境条件下的无粘结预应力筋用锚具系统，应按现行《无粘结预应力混凝土结构技术规程》（JGJ 92）的相关规定检验其防水性能。

（5）孔道灌浆用水泥、外加剂的质量应符合现行《混凝土结构施工质量验收规范》（GB 50204）和现行《水泥基灌浆材料应用技术规范》（GB/T 50448）的相关规定。

3）施工工艺

（1）施工前应编制施工方案，并进行技术交底。

（2）安装预应力筋时，其品种、规格、级别和数量应符合设计要求。

（3）预应力筋安装位置应符合设计要求。

（4）预应力筋张拉、放张前应对混凝土强度进行检验。

（5）后张法预应力构件、钢绞线出现断裂或滑脱的数量不应超过同一截面钢绞线总根数的3%。

（6）先张法预应力筋张拉锚固后的预应力值与规定检验值的相对偏差不应超过±5%。

(7)灌浆用水泥浆中氯离子含量不应超过水泥质量的0.06%,对水泥浆性能应进行试验检验。

(8)现场留置的灌浆用水泥浆试件的抗压强度不应低于30MPa。

(9)外露锚具和预应力筋的混凝土保护层厚度不应小于:一类环境时20mm,二a、二b类环境时50mm,三a、三b类环境时80mm。

5. 混凝土分项工程

1)原材料

(1)对于大批量、连续生产的同一批混凝土,生产单位应提供基本性能试验报告。

(2)水泥、外加剂进场应进行抽样检验,试验频次或检测指标应符合质量验收规范的要求。

2)混凝土拌合物

(1)混凝土拌合物不应离析。

(2)混凝土中氯离子含量和碱总含量应符合质量验收规范的要求。

(3)对首次使用的混凝土配合比应进行开盘鉴定。

3)混凝土强度应满足设计要求。

6. 现浇结构分项工程

1)一般规定

(1)质量验收程序应依法合规,质量验收资料应完整。

(2)隐蔽工程验收应存留影像资料。

(3)修整或返工的结构构件应有文字或图像记录。

2)外观质量

(1)现浇结构不应存在严重缺陷。

(2)对已出现缺陷的现浇结构,应编制现浇结构缺陷处理方案,经审批后再进行现浇结构缺陷处理,并重新进行验收。

3)结构位置及尺寸

(1)结构尺寸偏差应控制在允许偏差范围内。

(2)对超出允许偏差的部位,按规定流程进行处理并重新验收。

7. 装配式结构分项工程

1)一般规定

(1)隐蔽工程验收质量记录资料应齐全,并存留影像资料。

(2)结构接缝施工质量及防水性能应满足设计和质量验收规范的要求。

2）预制构件

（1）预制构件质量证明文件应齐全完整。

（2）应对预制构件进行结构性能抽样试验检验。

（3）外观质量不应存在缺陷，尺寸偏差不应影响结构安装性能及使用功能。

（4）预埋件、预留结构位置及数量与设计相符。

3）安装与连接

（1）预制构件临时固定措施应符合施工方案的要求。

（2）预制构件钢筋连接应进行试验检验。

（3）预制构件钢筋采用焊接连接或机械连接时，应进行平行加工试件检验。

（4）预制构件采用焊接、螺栓连接时，应进行平行加工试件检验。

（5）装配式结构采用现浇混凝土连接时，应进行后浇混凝土强度检验，达到设计要求后才能施工。

（6）装配式结构施工后，其外观质量不应存在严重缺陷，尺寸偏差不应影响结构性能和安装及使用功能。

三、监督检查事项

建筑混凝土工程质量监督检查项点主要有检查环节、检查内容和方法、检查依据、常见问题或情形、定性、处理依据和处理措施，具体内容详见表3-1～表3-7。

基本规定监督检查事项

表 3-1

序号	检查环节	检查内容和方法	检查依据	常见问题或情形	定性	处理依据	处理措施
1	参加施工质量验收的各方人员资格管理	1. 查建设单位审核、确认、备案记录；2. 查参建单位主要管理人员变更记录；3. 查各方人员职称、执业资格证、人事任命等	D16 第3.1.8条	参加工程施工质量验收的各方不具备规定的资格；检查记录签证人员未报建设单位确认、备案	违反技术标准	—	责令改正
2	质量验收	1. 查原材料、构配件进场报验资料监理平行检资料；2. 查日常检查问题库、监理工程师通知单及整改闭合记录；3. 查静态验收遗留问题台账及整改闭合记录；4. 现场查实体质量	D16 第3.3.1条~第3.3.6条	1. 缺关键工序影像资料；2. 重要工序施工操作记录不完整；3. 分项工程验收记录所含检验批的质量验收记录不完整；4. 经返修或加固处理的分项工程未按技术处理方案的要求予以验收；5. 部分资料缺失，未委托有资质的检测机构进行相应的实体检验和抽样试验；6. 对经返修加固处理仍不能满足结构安全和使用功能要求的检验批和分项工程进行了验收	未组织验收	B02 第五十八条、第六十四条、第六十五条	责令改正，罚款等

模板及支架工程监督检查事项

表 3-2

序号	检查环节	检查内容和方法	检查依据	常见问题或情形	定性	处理依据	处理措施
1	模板及支(拱)架安装	查支架、模板安装和拆除专项施工方案	D16 第4.2.2条、D31 第4.1.1条、第4.2.1条~第4.2.4条	1. 模板及支(拱)架安装不符合设计要求；2. 模板工程中的爬升式模板工程、工具式模板工程及高大模板支架工程的施工方案，未按有关规定进行技术论证；3. 模板及支(拱)架所用材料的技术指标不符合国家现行有关标准的规定；4. 现浇混凝土结构模板支架的安装质量不符合国家现行有关标准的规定和施工方案的要求；5. 后浇带处模板支架未独立安装；6. 地面无防排水、防冻融措施，支架下无底座或垫板	未按工程设计图纸或施工技术标准施工	—	责令改正
2	模板及支(拱)架拆除	1. 查已审批的施工方案；2. 查拆除时混凝土强度检测报告；3. 查模板及支(拱)架拆除顺序	D16 第4.3.1条	混凝土未达到规定的强度即拆除模板及支(拱)架	未按施工技术标准施工	—	责令改正

表 3-3

钢筋分项工程监督检查事项

序号	检查环节	检查内容和方法	检查依据	常见问题或情形	定性	处理依据	处理措施
1	原材料	1. 查质量证明文件、抽样检验报告、进场验收记录； 2. 查外观质量	D31 第5.2.1条~ 第5.2.3条	1. 无进场验收记录或质量证明文件不全； 2. 无抽样试验记录或检验项目缺项； 3. 抗震钢筋检验指标不合格	未对建筑材料进行检验，使用不合格的建筑材料	B02 第六十四条、 第六十五条	责令改正，罚款等
2	连接	1. 查设计施工图要求； 2. 查钢筋连接方式； 3. 查接头位置偏差	D31 第5.4.1条~ 第5.4.2条	1. 接头试件未从工程实体中截取，其力学性能、弯曲性能不符合国家现行有关标准的规定	未按工程设计图纸或施工技术标准施工	—	责令改正
3	安装	1. 查设计施工图要求； 2. 尺量钢筋安装的位置偏差	D31 第5.5.1条~ 第5.5.3条	1. 牌号、规格、数量与设计不符，未办理变更手续； 2. 受力钢筋的安装位置、锚（固）定方式与设计要求不符	使用不合格的建筑材料	B02 第六十四条	责令改正，罚款
4	验收	查隐蔽工程钢筋验收记录	D31 第5.1.1条	验收内容缺项，未留存影像资料	验收程序不规范	—	责令改正

预应力分项工程监督检查事项

表 3-4

序号	检查环节	检查内容和方法	检查依据	常见问题或情形	定性	处理依据	处理措施
1	隐蔽工程	1. 查施工设计图； 2. 查施工日志及验收记录资料； 3. 查预应力筋、成孔管道位置、锚具、连接器、锚垫板规格与型号	D31 第6.1.1条	1. 浇筑混凝土前未进行预应力隐蔽工程验收或验收项目不全； 2. 成孔管道位置偏差较大	未按施工技术标准施工	—	责令改正
2	原材料	1. 查施工设计图； 2. 查产品出厂合格证、进场验收资料； 3. 查具体部位预应力材料质量、品种、级别、规格、数量情况	D31 第6.2.1条~ 第6.2.5条	1. 无进场验收记录，或无抽样试验记录，或频次不足，或检验项目不全； 2. 涂包质量无保证时，无粘结预应力钢绞线进场时未进行防腐润滑脂量和保护层厚度的检验； 3. 无锚具、夹具和连接器锚固区传力性能试验报告； 4. 处于3a、3b类环境条件下的无粘结预应力筋用锚具系统未按现行《无粘结预应力混凝土结构技术规程》（JGJ 92）的相关规定检验其防水性能； 5. 孔道灌浆用水泥、外加剂的质量不符合现行《混凝土结构施工质量验收规范》（GB 50204）和现行《水泥基灌浆材料应用技术规范》（GB/T 50448）的相关规定	使用不合格的建筑材料，未按施工技术标准施工	B02 第六十四条	责令改正

续上表

序号	检查环节	检查内容和方法	检查依据	常见问题或情形	定性	处理依据	处理措施
3	施工工艺	1. 查施工设计图； 2. 查施工方案、技术交底记录、施工记录； 3. 查水泥浆性能、试件试验报告； 4. 查预应力筋张拉、放张； 5. 查锚具封闭保护措施	D31 第6.3.1条～ 第6.3.5条、 第6.4.1条～ 第6.4.6条、 第6.5.2条～ 第6.5.4条	1. 安装预应力筋时，其品种、规格、级别和数量不符合设计要求； 2. 预应力筋安装位置不符合设计要求； 3. 后张法预应力筋张拉、放张前未对混凝土强度进行检验； 4. 后张法预应力构件，钢绞线出现断裂或滑脱锚固的数量超过同一截面钢绞线总根数的3%； 5. 先张法预应力筋张拉锚固后的预应力值与工程设计规定检验值的相对偏差超过±5%； 6. 灌浆用水泥浆中氯离子含量超过水泥质量的0.06%； 7. 现场留置的灌浆用水泥浆试件的抗压强度低于30MPa； 8. 外露锚具和预应力筋的混凝土保护层厚度小于：一类环境时20mm，二a、二b类环境时50mm，三a、三b类环境时80mm	未按施工技术标准施工	B02 第六十四条	责令改正，罚款等

混凝土分项工程监督检查事项

表 3-5

序号	检查环节	检查内容和方法	检查依据	常见问题或情形	定性	处理依据	处理措施
1	原材料	1. 查混凝土原材料出厂质量证明文件； 2. 查原材料进场验收试验报告，抽样检验试验报告	D31 第7.1.5条， 第7.2.1条~ 第7.2.2条	1. 大批量、连续生产的同一批混凝土，生产单位未提供基本性能试验报告； 2. 水泥无进场验收记录、试验频次不足或检测指标不全； 3. 外加剂无进场验收记录、试验频次不足或检测指标不全	未对建筑材料进行检验，未按施工技术标准施工	B02 第六十四条、 第六十五条	责令改正，罚款等
2	混凝土拌合物	查混凝土拌合物质量检验报告	D31 第7.3.2条~ 第7.3.4条	1. 混凝土拌合物离析； 2. 混凝土中氯离子含量和碱总含量超标； 3. 未对首次使用的混凝土配合比进行开盘鉴定	未对建筑材料进行检验，未按施工技术标准施工	B02 第六十四条、 第六十五条	责令改正，罚款等
3	混凝土施工	检测混凝土强度	D31 第7.4.1条	1. 混凝土强度检验试件留置数量不足； 2. 强度不满足设计要求	未对建筑材料进行检验，未按施工技术标准施工	B02 第六十四条、 第六十五条	责令改正，罚款等

现浇结构分项工程监督检查事项

表 3-6

序号	检查环节	检查内容和方法	检查依据	常见问题或情形	定性	处理依据	处理措施
1	一般规定	1. 查现浇结构质量验收资料；2. 查隐蔽工程影像资料；3. 查修正或返工部位施工图影像及记录	D31 第8.1.1条~第8.1.3条	1. 质量验收程序不合规；2. 隐蔽工程验收无影像资料；3. 修整或返工的结构构件无文字或图像记录	验收程序不规范，违反施工技术标准	B02 第六十四条	责令改正，罚款等
2	外观质量	查结构外观质量	D31 第8.2.1条	1. 结构存在严重缺陷；2. 对已出现的结构缺陷，处理流程不合规；3. 未重新进行验收	违反技术标准，降低工程质量	B02 第六十四条	责令改正，罚款等
3	结构位置、尺寸	尺量结构尺寸偏差	D31 第8.3.1条	1. 结构尺寸偏差超出允许偏差；2. 对超出允许偏差的部位未按规定流程处理并重新验收	违反技术标准，降低工程质量	B02 第六十四条	责令改正，罚款等

装配式结构分项工程监督检查事项

表 3-7

序号	检查环节	检查内容和方法	检查依据	常见问题或情形	定性	处理依据	处理措施
1	一般规定	1.查隐蔽工程验收记录和影像资料；2.查结构接缝施工质量	D31 第9.1.1条、第9.1.2条	1.隐蔽工程验收资料不全，缺少影像资料；2.结构接缝施工质量及防水性能不满足标准要求	违反技术标准	B02 第六十四条、第六十七条	责令改正，罚款等
2	预制构件	1.查预制构件质量证明文件；2.查预制构件结构性能检验报告；3.查预制构件外观质量、预埋件、预留结构位置及数量	D31 第9.2.1条~第9.2.4条	1.预制构件缺少质量证明文件；2.未对预制构件进行结构性能检验；3.外观质量存在缺陷，尺寸偏差影响结构安装、性能及使用功能；4.预埋件、预留结构位置及数量与设计不符	未按照设计图或施工技术标准施工	B02 第六十四条、第六十七条	责令改正，罚款等

续上表

序号	检查环节	检查内容和方法	检查依据	常见问题或情形	定性	处理依据	处理措施
3	安装与连接	1. 查施工设计图、施工方案、施工日志；2. 查相关质量证明文件及平行加工试件检验报告	D31 第9.3.1条~第9.3.7条	1. 临时固定措施与施工方案不符；2. 钢筋连接无检验报告；3. 钢筋采用焊接连接时，无平行加工试件检验报告；4. 钢筋采用机械连接时，无平行加工试件检验报告；5. 预制构件采用焊接、螺栓连接时，无平行加工试件检验报告；6. 装配式结构采用现浇混凝土连接时，无后浇混凝土强度试验报告；7. 装配式结构施工后，其外观质量存在严重缺陷，尺寸偏差影响结构安装、性能及使用功能	未按照设计图或施工技术标准施工	B02 第六十四条、第六十七条	责令改正，罚款

38

第四章
钢结构工程质量监督检查

一、主要检查内容

房建工程钢结构工程质量监督检查内容主要包括：钢结构工程。主要检查原材料、施工工艺、涂装工程、验收等事项。

检查要点：钢结构用主要材料、零（部）件、成品件、标准件等产品进场检验；焊工持证上岗；焊缝检测；高强螺栓摩擦面抗滑移系数检测；防火涂料层厚度及隔热性能检测；钢结构隐蔽工程验收记录和影像资料等。

二、质量控制措施

1. 原材料

（1）钢结构用主要材料、零（部）件、成品件、标准件等产品进场应进行抽样检验。

（2）钢结构产品质量证明文件应与产品标识一致。

2. 施工工艺

（1）持证焊工应在其合格证书规定范围内施焊。

（2）钢结构焊接施工前，应进行焊接工艺评定。

（3）对设计要求的一、二级焊缝，应进行内部缺陷的无损检测。

（4）对高强螺栓摩擦面，应检测抗滑移系数。

3. 涂装工程

（1）防腐涂装应在钢结构安装工程检验批的施工质量验收合格后进行。

（2）防火涂料涂装应在钢结构安装分项工程检验批和钢结构防腐涂装检验批的施工质量验收合格后进行。

（3）防腐涂装、涂装数遍、涂装间隔、涂层厚度应符合设计要求。

（4）防火涂料层厚度及隔热性能应满足国家现行有关标准对耐火极限的要求。

4. 验收

（1）钢结构质量控制资料应完整。

（2）钢结构隐蔽工程验收记录应有清晰的影像资料。

三、监督检查事项

钢结构工程质量监督检查项点主要有检查环节、检查内容和方法、检查依据、常见问题或情形、定性、处理依据和处理措施，具体内容详见表4-1。

钢结构工程质量监督检查事项

表 4-1

序号	检查环节	检查内容和方法	检查依据	常见问题或情形	定性	处理依据	处理措施
1	原材料	1. 查进场验收记录； 2. 查产品出厂合格证； 3. 查自检、平检记录	D34 第4.1.1条、 第4.1.2条	钢结构用主要材料、零（部）件、成品件、标准件等产品无进场验收记录或无抽样试验记录或频次不足	未检先用，降低工程质量	B02 第六十五条	责令改正，罚款等
				无产品质量证明文件或与产品标识不一致	使用不合格材料	B02 第六十四条	责令改正，罚款等
2	施工工艺	1. 查技术交底记录； 2. 查焊接工艺评定； 3. 查焊工证件； 4. 查焊缝检测报告； 5. 查高强螺栓连接； 6. 查施工记录、监理旁站记录	D34 第5.2.2条～ 第5.2.4条、 第6.3.1条	1. 持证焊工未在其合格证书规定范围内施焊或无证施焊； 2. 未进行焊接工艺评定； 3. 设计要求的一、二级焊缝未进行内部的无损检测，未全数检查； 4. 未检测高强螺栓摩擦面抗滑移系数	未按设计或技术标准施工，降低工程质量	B02 第六十四条、 第六十七条	责令改正，罚款等

续上表

序号	检查环节	检查内容和方法	检查依据	常见问题或情形	定性	处理依据	处理措施
3	涂装工程	1. 查技术交底记录； 2. 查防腐涂装工序及质量； 3. 查防火涂料涂装工序及质量； 4. 查施工记录、监理旁站记录	D34 第13.1.3条、 第13.2.3条、 第13.4.3条	1. 防腐涂装未在钢结构安装工程检验批的施工质量验收合格后进行；防火涂装未在钢结构的安装分项工程检验批和钢结构防腐涂装检验批的施工质量验收合格后进行； 2. 防腐涂装、涂装数遍，涂装间隔、涂层厚度不符合设计要求； 3. 防火涂料层厚度及隔热性能不满足国家现行有关标准对耐火极限的要求	未按设计或技术标准施工	B02 第六十四条、 第六十七条	责令改正，罚款等
4	验收	查钢结构工程施工质量验收记录	D34 第14.0.4条~ 第14.0.5条	1. 质量控制资料不完整； 2. 隐蔽工程验收记录缺影像资料或影像资料模糊不清	—	—	责令改正

第五章
房建工程质量监督检查

一、主要检查内容

房建工程质量监督检查内容主要包括：基础工程、主体结构工程、屋面工程、装饰装修工程等。

基础工程方面主要检查质量验收、验槽、原材料、地基处理（高压喷射注浆、水泥土搅拌桩）、灌注桩基础、钢桩、混凝土基础、基坑支护、基坑降排水、土石方工程、边坡工程、基坑监测。

主体结构工程方面主要检查混凝土柱梁板、钢结构整体安装。

屋面工程方面主要检查压型金属板安装、金属屋面防水、金属屋面系统性能检测、混凝土屋面。

装饰装修工程方面主要检查样板间（件）、装饰装修施工等事项。

检查要点：

（1）各单位工程、分部分项工程和检验批资料的完整性，签字、盖章的完整有效性。

（2）原材料、构配件、成品进场检验。

（3）机械设备的性能，计量表具检定或校准情况。

（4）地基处理情况（桩基数量、成桩质量、桩位偏差）。

（5）围护结构监测、实施、验收情况。

（6）边坡工程防护和锚杆（索）基本试验。

（7）基坑地下水监测、沉降监测及变形监测。

（8）混凝土耐久性、等级、强度，钢筋保护层及表面裂缝。

（9）钢结构施工挠度值测量、涂装等。

（10）屋面防水性能检测、金属屋面系统抗风揭性能检验、装饰装修工程材料有害放射物质检测及样板间（件）确认验收等。

二、质量控制措施

1. 基础工程

1）质量验收

验收资料应齐全，建设各方签字应齐全。

2）验槽

（1）建设单位、勘察单位、设计单位、监理单位、施工单位应参加验槽。

（2）验槽时应检查地基承载力、基槽深度和宽度等。

3）原材料

（1）基础原材料出厂质量证明文件应齐全，原材料进场应按规定的数量批次进行检测检验。

（2）降水井、回灌管井原材料质量检验报告应符合规范要求。

（3）施工前应检验锚杆（索）锚固段注浆（砂浆）所用的水泥、细集料、矿物、外加剂等主要材料的质量。

（4）施工前，应检验墙背填筑所用填料的重度、强度，同时应检验墙身材料的物理力学指标。

4）地基处理（高压喷射注浆、水泥土搅拌桩）

（1）施工前应检验水泥、外掺剂等的质量、桩位、浆液配比、高压喷射设备的性能等，并应对压力表、流量表进行检定或校准。

（2）施工前应检查水泥及外掺剂的质量、桩位、搅拌机工作性能，并应对各种计量设备进行检定或校准。

5）灌注桩基础

（1）灌注桩混凝土强度检验的试件应在施工现场随机抽取。来自同一搅拌站的混凝土，每浇筑 $50m^3$ 必须至少留置 1 组试件。当混凝土浇筑量不足 $50m^3$ 时，每连续浇筑 12h 必须至少留置 1 组试件。对单柱单桩，每根桩应至少留置 1 组试件。

（2）采用泥浆护壁成孔、干作业成孔、长螺旋钻孔、沉管等方法施工的灌注桩，其桩径垂直度、桩位偏差等应符合验收标准的规定。

6）钢桩

（1）钢桩应进行进场验收检查。预制桩（钢桩）的桩位偏差应符合验收标准的规定。斜桩倾斜度的偏差应为倾斜角正切值的 15%。

（2）钢桩接桩质量、桩顶完整状况和接桩间歇时间应符合规范要求。对电焊质量除应进行常规检查外，还应做 10% 的焊缝探伤检查。

7）混凝土基础

（1）混凝土基础与轴线位置偏差应符合规范要求。

（2）大体积混凝土施工过程中应检查混凝土的坍落度、配合比、浇筑的分层厚度、坡度以及测温点的设置，上下两层的浇筑搭接时间不应超过混凝土的初凝时间。养护时混凝土结构构件表面以内 50～100mm 位置处的温度与混凝土结构构件内部的温度差值不宜大于 25℃，且与混凝土结构构件表面温度的差值不宜大于 25℃。

8）基坑支护

（1）围护结构施工完成后，应在基坑开挖前进行验收，支锚结构的验收应在对应的分层土方开挖前进行。

（2）对灌注桩排桩，应采用低应变法检测桩身完整性。

（3）灌注桩排桩、截水帷幕、钢板桩、预制混凝土板桩、咬合桩、土钉墙、地下连续墙等围护结构的质量应符合施工质量验收规范的规定。

9）基坑降排水

（1）降水前，应检验工程场区排水系统。排水系统最大排水能力不应小于工程所需最大排水量的 1.2 倍。

（2）基坑工程开挖前，应验收预降排水时间。预降排水时间应根据基坑面积、开挖深度、工程地质与水文地质条件以及降排水工艺综合确定。减压预降水时间应根据设计要求或减压降水验证试验结果确定。

（3）降排水时，应检验基坑降排水效果是否满足设计要求。分层、分块开挖的土质基坑，开挖前潜水水位应控制在土层开挖面以下 0.5～1.0m；承压含水层水位应控制在安全水位埋深以下。岩质基坑开挖施工前，地下水位应控制在边坡坡脚或坑中的软弱结构面以下。

（4）降水井正式施工时，应进行试成井。试成井数量不应少于 2 口（组），并应根据试成井复核地层情况、检验成孔工艺和泥浆配比等。

（5）降水井施工完成后应进行试抽水，检验成井质量和降水效果。

（6）排水系统应独立配电。降水前，应检验现场用电系统。连续降水的工程项目，还应检验双路以上独立供电电源或备用发电机的配置情况。

（7）降水时，应监测和记录降水场区内和周边的地下水位。采用悬挂式帷幕基坑降水的，还应计量和记录降水井抽水量。

（8）降水后，应检验降水井封闭的有效性。

（9）回灌管井正式施工时应进行试成孔。试成孔数量不应少于 2 个，根据试成孔复核地层情况、检验成孔工艺、泥浆配比等。

（10）回灌管井施工完成后的休止期不应少于14d。休止期结束后应进行试回灌，检验成井质量和回灌效果。

（11）回灌前，应检验回灌管路的安装质量和密封性。回灌管路上应装有流量计和流量控制阀。

（12）回灌及回扬时，应计量和记录回灌量、回扬量，并应监测地下水位和周边环境变形。

（13）封闭回灌管井时，应检验封井材料的无公害性，并检验封井效果。

10）土石方工程

（1）在土石方工程开挖施工前，应完成支护结构、地面排水、地下水控制、基坑及周边环境监测、施工条件验收和应急预案准备等工作的验收，合格后方可进行土石方开挖。

（2）在土石方工程开挖施工中，应定期测量和校核设计平面位置、边坡坡率和水平标高。对平面控制桩和水准控制点，应采取可靠措施加以保护，并应定期检查和复测。土石方不应堆在基坑影响范围内。

（3）土石方开挖的顺序、方法必须与设计工况和施工方案相一致，并应遵循"开槽支撑，先撑后挖，分层开挖，严禁超挖"的原则。

（4）施工前应检查支护结构质量、定位放线、排水和地下水控制系统以及对周边影响范围内地下管线和建（构）筑物保护措施的落实，并应合理安排土方运输车辆的行走路线及弃土场。附近有重要设施的基坑，应在土方开挖前通过预降水对围护体的止水性能进行检验。

（5）施工中，应检查平面位置、水平标高、边坡坡度、压实度、排水系统、地下水控制系统、预留土墩、分层开挖厚度、支护结构的变形，并随时观查基坑周边环境变化。

（6）岩质基坑开挖施工前，应检查支护结构质量、定位放线、爆破器材（购置、运输、储存和使用）、排水和地下水控制系统、起爆设备和检测仪表以及对周边影响范围内地下管线和建（构）筑物保护措施的落实情况，并应合理安排土石方运输车辆的行走路线及弃土场。

（7）爆破施工中，应检查平面位置、平面尺寸、水平标高、边坡坡率、分层开挖厚度、排水系统、地下水控制系统、支护结构的变形等，并应随时对周围环境进行观测和监测。爆前应检查爆破装药和爆破网路等，并应加强环境监测。

（8）施工前应对土石方平衡计算进行检查，土方堆放与运输应满足施工组织设计要求。

（9）施工中应检查安全文明施工、土方堆放位置、土方堆放的安全距离、堆土的高度、边坡坡度、排水系统、边坡稳定、防扬尘措施等内容，并应满足设计或施工组织设计要求。

（10）在基坑（槽）、管沟等周边堆土的堆载限值和堆载范围应符合基坑围护设计要求，严禁在基坑（槽）、管沟、地铁及建（构）筑物周边影响范围内堆土。对于临时性堆土，应视挖方边坡处的土质情况、边坡坡度和高度,检查堆放的安全距离,确保边坡稳定。在挖方下侧堆土时,应平整土堆表面,其顶面高程应低于相邻挖方场地设计标高,保持排水畅通,堆土边坡坡度不宜大于1:1.5。在河岸处堆土时,不得影响河堤的稳定和排水,不得阻塞、污染河道。

(11)土石方回填施工前,应检查基底的垃圾、树根等杂物清除情况,测量基底标高、边坡坡度,检查、验收基础外墙防水层和保护层等。土石方回填料应符合设计要求,并应确定回填料含水率控制范围、铺土厚度、压实遍数等施工参数。

(12)施工中应检查排水系统、每层填筑厚度、辗迹重叠程度、含水率控制、回填土有机质含量、压实系数等。回填施工的压实系数应满足设计要求。当采用分层回填时,应在下层的压实系数经试验合格后进行上层施工。填筑厚度及压实遍数应根据土质、压实系数及压实机具确定。

(13)土石方回填施工结束后,应进行标高及压实系数检验。

11)边坡工程

(1)边坡工程施工方案应经审批后实施。

(2)对边坡工程进行质量验收时,应在钢筋、混凝土、预应力锚杆挡土墙等验收合格的基础上,进行质量控制资料的检查及感观质量验收,并对涉及结构安全的材料、试件、施工工艺和结构的重要部位进行见证检测或结构实体检验。

(3)边坡工程应按要求进行监控量测。

(4)边坡工程锚杆(索)按规定进行基本试验,试验数量不应少于3根。

(5)边坡开挖、喷锚、挡土墙质量检验应符合施工质量验收规范的要求。

12)基坑监测

(1)基坑监测项目的选择应符合规范要求。

(2)安全等级为一级、二级的支护结构,施工期间应进行支护结构的水平位移和基坑开挖影响范围内周边环境沉降监测。

(3)基坑各边监测点不应少于3个,有建筑物的部位应设监测点。

(4)基坑周边建筑物沉降观测点位设置在建筑物的结构墙、柱上,应沿平行、垂直于坑边的方向布设。

(5)地下水位监测点位设置在降水井或截水帷幕外侧,应靠近被保护对象。

(6)用于沉降观测的基准点不应少于2个。

(7)各监测项目的稳定初始值测量次数不应少于2次。

(8)在基坑开挖期间,支护结构顶部水平位移监测频次不应少于1次/d。

(9)支护结构施工及使用、基坑开挖期间应随时巡查支护结构和周边环境的状况。

（10）应及时整理、反馈基坑监测数据和巡查结果。

2. 主体结构工程

1）混凝土柱、梁板

（1）应检查混凝土柱、梁板表面裂缝宽度，宽度不应大于0.2mm。

（2）应测定混凝土柱、梁板钢筋保护层厚度，钢筋保护层厚度应满足设计要求。

2）钢结构整体安装

（1）主体钢结构整体立面偏移和整体平面弯曲的施工偏差、钢结构小拼单元的施工偏差均应符合有关规定。

（2）钢网架、网壳结构总拼完成后及屋面工程完成后，应测量挠度值，所测的挠度值不应超过相应荷载条件下挠度计算值的1.5倍。

3. 屋面工程

1）压型金属板安装

（1）压型金属板安装应在钢结构安装工程检验批质量验收合格后进行。

（2）压型金属板安装应符合设计要求。

2）金属屋面防水

（1）压型金属板屋面应防水、可靠，不得出现渗漏，应采用观察检查和雨后（或淋水）检验等方法进行检查。

（2）金属屋面系统防雨（雪）水渗漏及排水构造措施应满足设计要求。应采用观察检查和雨后检验等方法进行检查。

3）金属屋面系统性能检测

金属屋面系统应按钢结构质量验收标准的要求进行抗风揭试验检测。

4）混凝土屋面

（1）屋面防水工程、保温工程原材料的品种、规格、性能应符合国家现行产品标准，应有产品合格证书和性能检测报告。

（2）屋面防水工程完成后，应进行观感质量检查、雨后观察（或淋水、蓄水试验），检验屋面防水性能。

4. 装饰装修工程

1）样板间（件）

（1）建筑装饰装修工程所用材料应符合国家有关建筑装饰装修材料有害物质限量标准的规定。

（2）建筑装饰装修工程施工前应有主要材料的样板或做样板间（件），并应经有关各方确认。

2）装饰装修施工

（1）施工单位应编制施工组织设计并经过审查批准。施工单位应按有关的施工工艺标准或经审定的施工技术方案施工，并应对施工全过程实行质量控制。

（2）建筑装饰装修工程应在基体或基层的质量验收合格后施工。对既有建筑进行装饰装修前，应对基层进行处理。装饰装修工程施工中，经设计、施工、监理三方共同检验合格后方可进入下道工序施工。

（3）装饰装修隐蔽工程验收应有记录，记录应包含隐蔽部位照片。施工质量的检验批验收应有现场检查原始记录。

三、监督检查事项

房建工程质量监督检查项点主要有检查环节、检查内容和方法、检查依据、常见问题或情形、定性、处理依据和处理措施，具体内容详见表5-1～表5-4。

基础工程监督检查事项

表 5-1

序号	检查环节	检查内容和方法	检查依据	常见问题或情形	定性	处理依据	处理措施
1	质量验收	查验收资料	D32 第3.0.2条	验收资料不全,建设各方签字不全	未按规定执行验收程序	—	责令改正
2	验槽	查施工日记、验槽记录	D32 第3.0.4条、第A.1.1条	1. 建设单位未参加验槽; 2. 验槽检查项目不全	未按施工技术标准施工	B02 第六十四条	责令改正,罚款等
3	原材料	1. 查原材料出厂质量证明文件; 2. 查原材料进场验收试验报告、抽样检验试验报告	D32 第3.0.8条、第8.2.2条、第8.3.1条、第10.2.1条、第10.3.1条	1. 出厂质量证明文件不全,进场检验检测项目不全,未按规定的数量批次进行检测; 2. 降水井原材料质量检验报告不符合D32表8.2.2的要求; 3. 回灌管井原材料质量检验报告不符合D32表8.2.2的要求; 4. 施工前未检验锚杆(索)注浆料的质量; 5. 施工前未检验挡土墙背填料的力学指标	未对材料进行检验,违反施工技术标准	B02 第六十四条、第六十五条	责令改正
4	地基处理(高压喷射注浆、水泥土搅拌桩)	查施工设备进场记录、计量设备检定校准记录、定期检验记录	D32 第4.10.1条、第4.11.1条	1. 高压喷射注浆设备无报检记录,计量设备未校准; 2. 水泥土搅拌桩设备无报检记录,计量设备未校准	未按施工技术标准	—	责令改正

续上表

序号	检查环节	检查内容和方法	检查依据	常见问题或情形	定性	处理依据	处理措施
5	灌注桩基础	1. 查混凝土试件留置记录； 2. 查桩基检测记录； 3. 查桩径、垂直度及桩位偏差检查记录	D32 第5.1.3条～ 第5.1.7条、 第5.6.4条、 第5.7.4条、 第5.8.4条、 第5.9.4条	1. 混凝土试件留置数量不足； 2. 桩径垂直度及桩位偏差超过D32表5.1.4的规定； 3. 泥浆护壁成孔灌注桩质量检验不符合D32表5.6.4的规定； 4. 干作业成孔灌注桩质量检验不符合D32表5.7.4的规定； 5. 长螺旋钻孔压灌桩质量检验不符合D32表5.8.4的规定； 6. 沉管灌注桩质量检验不符合D32表5.9.4的规定	未按设计或技术标准施工	B02 第六十四条	责令改正，罚款等
6	钢桩	1. 查进场验收及复检记录； 2. 查钢桩焊缝探伤检测记录； 3. 查桩外径、断面尺寸、桩长、矢高及桩位偏差检查记录	D32 第5.10.2条、 第5.10.4条	1. 钢桩未进行进场验收或验收不合格； 2. 与轴线位置偏差超标； 3. 未进行10%焊缝探伤检测	—	—	责令改正

续上表

序号	检查环节	检查内容和方法	检查依据	常见问题或情形	定性	处理依据	处理措施
7	混凝土基础	1. 查施工日记； 2. 查与轴线位置偏差检查记录； 3. 查大体积混凝土施工方案、施工记录	D32 第5.3.4条、 第5.4.5条	1. 与轴线位置偏差超标； 2. 未落实大体积混凝土施工措施	—	—	责令改正
8	基坑支护	1. 查施工图纸、施工方案、施工日记； 2. 查相关材料、构配件验收记录； 3. 查围护结构完整性检测报告； 4. 查基坑支护结构位置、数量	D32 第7.1.2条、 第7.2.4条、 第7.2.6条、 第7.2.8条~ 第7.2.11条、 第7.3.2条、 第7.3.3条、 第7.4.3条、 第7.6.3条、 第7.6.5条、 第7.7.5条、 第7.7.6条	1. 围护结构施工完成后未在基坑开挖前进行验收，支锚结构的验收未在对应的分层土方开挖前进行； 2. 未采用低应变法检测灌注桩排桩桩身完整性； 3. 灌注排桩质量检验不符合D32 表7.2.6 的规定； 4. 截水帷幕单、双轴水泥土搅拌桩质量检验不符合 D32 表7.2.8 的规定； 5. 截水帷幕三轴水泥土搅拌桩质量检验不符合 D32 表7.2.9 的规定；	未按施工技术标准施工	B02 第六十四条	责令改正，罚款等

续上表

序号	检查环节	检查内容和方法	检查依据	常见问题或情形	定性	处理依据	处理措施
8	基坑支护	1.查施工图纸、施工方案、施工日记、伴验收记录； 2.查相关材料、构配件检测报告； 3.查围护结构完整性检测报告； 4.查基坑支护结构位置、数量	D32 第7.1.2条、 第7.2.4条、 第7.2.6条、 第7.2.8条~ 第7.2.11条、 第7.3.2条、 第7.3.3条、 第7.4.3条、 第7.6.3条~ 第7.6.5条、 第7.7.5条、 第7.7.6条	6.截水帷幕采用渠式切割水泥土连续墙质量检验不符合D32表7.2.10的规定； 7.截水帷幕高压喷射注浆质量检验不符合D32表7.2.11的规定； 8.钢板桩围护墙质量检验不符合D32表7.3.2的规定； 9.预制混凝土板桩围护墙质量检验不符合D32表7.3.3的规定； 10.咬合桩围护墙质量检验不符合D32表7.4.3-1、表7.4.3-2的规定； 11.土钉支护质量检验不符合D32表7.6.5的规定； 12.对于永久结构地下连续墙，未采用声波透射法对墙体质量进行检验； 13.地下连续墙的质量检验不符合D32表7.7.6-1、表7.7.6-2、表7.7.6-3的规定	未按施工技术标准施工	B02 第六十四条	责令改正，罚款等

续上表

序号	检查环节	检查内容和方法	检查依据	常见问题或情形	定性	处理依据	处理措施
9	基坑降排水	1. 查降水方案、施工图纸、施工日记； 2. 查减压降水试验报告； 3. 查回灌试验报告、回灌井施工情况	D32 第8.1.1条～第8.1.3条、第8.2.3条、第8.2.5条～第8.2.8条、第8.3.2条、第8.3.4条～第8.3.7条	1. 降水前，未检验工程场区排水系统或排水系统最大排水能力小于工程所需最大排水量的1.2倍； 2. 基坑开挖前未进行减压降水试验； 3. 降水中未有效进行施工水位控制； 4. 降水井施工前未进行试成井； 5. 降水井施工完成后未进行试抽水； 6. 降水系统未独立配电，连续降水未设置双路以上独立供电电源或未配备备用发电机； 7. 降水过程中未监测、记录地下水位； 8. 降水结束后，降水井未及时封闭或封闭效果差； 9. 回灌井未进行试成井； 10. 回灌井施工后的休止期少于14d，之后未进行试回灌；	未按施工技术标准施工	B02 第六十四条	责令改正，罚款等

续上表

序号	检查环节	检查内容和方法	检查依据	常见问题或情形	定性	处理依据	处理措施
9	基坑降排水	1. 查降水方案、施工图纸、施工日记； 2. 查减压降水试验报告； 3. 查回灌试验报告、回灌井施工情况	D32 第8.1.1条~第8.1.3条 第8.2.3条 第8.2.5条~第8.2.8条 第8.3.2条 第8.3.4条~第8.3.7条	11. 回灌管路未装流量计和流量控制阀； 12. 回灌中及回扬时，未计量和记录灵回灌、回扬量、地下水位和周边环境变形，未监测； 13. 回灌结束后，未及时采用无公害材料封闭回灌井等	未按施工技术标准施工	B02 第六十四条	责令改正，罚款等
10	土石方工程	1. 查专项施工方案； 2. 查施工条件验收资料； 3. 查施工顺序、方法，施工过程中检查、观测； 4. 查监控量测原始数据； 5. 查开挖土方堆载、回填情况	D32 第9.1.1条~第9.1.3条 第9.2.1条 第9.2.2条 第9.3.1条 第9.3.2条 第9.4.1条 第9.4.3条 第9.5.1条~第9.5.3条	1. 土石方开挖前未完成支护结构，地面排水，地下水控制、基坑及周边环境监测，施工条件验收和应急预案准备； 2. 开挖过程中未按设计要求进行设计平面位置、边坡坡度和水平标高监测； 3. 施工顺序、方法与设计工况、施工方案不一致； 4. 施工前未检查支护结构质量、定位放线、排水和地下水控制系统以及对周边影响范围内地下管线和建（构）筑物的保护措施落实情况； 5. 施工中未及时观测基坑周边环境变化	未按施工技术标准施工	B02 第六十四条	责令改正，罚款等

续上表

序号	检查环节	检查内容和方法	检查依据	常见问题或情形	定性	处理依据	处理措施
10	土石方工程	1. 查专项施工方案； 2. 查施工条件验收资料； 3. 查施工过程中检查法，施工顺序、方法，观测； 4. 查监控量测原始数据； 5. 查开挖土方堆载、回填情况	D32 第9.1.1条～第9.1.3条 第9.2.1条 第9.2.2条 第9.3.1条 第9.3.2条 第9.4.1条～第9.4.3条 第9.5.1条～第9.5.3条	6. 岩质基坑开挖前未检查爆破器材和对周边环境的保护； 7. 采用爆破施工时未检查爆破装药和爆破网路，未加强环境监测； 8. 土方堆放和运输不符合施工方案和技术标准的要求； 9. 施工中未进行防尘等安全文明施工检查，边坡放置及高度、边坡坡度、边坡稳定、排水系统等不符合设计或施工组织设计要求； 10. 河岸边堆土影响河堤的稳定和排水，堵塞、污染河道； 11. 土石方回填料含水率控制范围，铺土厚度，压实遍数等施工参数缺项，或不符合设计要求； 12. 下层未经压实检验合格即回填上层土方； 13. 施工结束后，未进行标高及压实系数检验	未按施工技术标准施工	B02 第六十四条	责令改正，罚款等

续上表

序号	检查环节	检查内容和方法	检查依据	常见问题或情形	定性	处理依据	处理措施
11	边坡工程	1. 查边坡工程施工方案； 2. 查锚杆（索）质量证明文件、试验报告； 3. 查边坡监控量测； 4. 查挡土墙验收	D32 第10.1.2条、 第10.1.3条、 第10.2.3条、 第10.2.5条、 第10.3.4条～ 第10.4.6条	1. 边坡工程验收缺实体检测或检验资料； 2. 边坡施工未按设计要求进行监控量测； 3. 锚杆（索）未进行基本试验； 4. 边坡喷锚质量不符合D32表10.2.5的标准； 5. 挡土墙质量不符合D32表10.3.4的标准； 6. 边坡开挖质量不符合D32表10.4.6的标准	未按施工技术标准施工	B02 第六十四条	责令改正，罚款等
12	基坑监测	1. 查施工日记，施工期间巡查记录； 2. 查基坑监测设施保护措施，检测记录	D33 第8.2.1条～ 第8.2.4条、 第8.2.15条～ 第8.2.23条	1. 基坑监测项目的选择不符合D33表8.2.1的要求； 2. 安全等级为一级、二级的支护结构，施工期间未进行支护结构的水平位移和基坑开挖影响范围内周边环境沉降监测； 3. 有建筑物的部位未设监测点，基坑各边监测点少于3个，测点	未按施工技术标准施工	B02 第六十四条	责令改正，罚款等

续上表

序号	检查环节	检查内容和方法	检查依据	常见问题或情形	定性	处理依据	处理措施
12	基坑监测	1. 查施工日记、施工期间巡查记录； 2. 查基坑监测设施保护措施、检测记录	D33 第8.2.1条～ 第8.2.4条、 第8.2.15条～ 第8.2.23条	4. 基坑周边建筑物沉降观测点位设置在建筑物的结构墙、柱上，未沿平行、垂直于坑边的方向布设； 5. 地下水位监测点位设置在降水井或截水帷幕外侧，未靠近被保护对象； 6. 用于沉降观测的基准点少于2个； 7. 各监测项目的稳定初始值测量次数少于2次； 8. 在基坑开挖期间，支护结构顶部水平位移监测频次少于1次/d； 9. 支护结构施工及使用、基坑开挖期间没有随时巡查支护结构和周边环境的状况； 10. 未及时整理、反馈监测数据和巡查结果，导致危险征兆出现	未按施工技术标准施工	B02 第六十四条	责令改正，罚款等

主体结构工程监督检查事项

表 5-2

序号	检查环节	检查内容和方法	检查依据	常见问题或情形	定性	处理依据	处理措施
1	混凝土柱梁板	1. 查施工图纸、技术交底资料、施工日志、监理记录； 2. 测量混凝土表面裂缝宽度； 3. 测定钢筋保护层厚度	D16 第10.0.2条~ 第10.0.3条	1. 未检查混凝土表面裂缝宽度或混凝土表面裂缝宽度大于0.2mm； 2. 未测定钢筋保护层厚度或钢筋保护层厚度不满足设计要求	未按施工技术标准施工	B02 第六十四条	责令改正，罚款
2	钢结构整体安装	1. 查设计要求、技术交底资料、施工日志、监理记录； 2. 观察整体偏移和弯曲情况； 3. 查主要构件变形情况	D34 第10.9.1条、 第11.3.1条、 第11.3.3条	1. 主体钢结构整体立面偏移和整体平面弯曲的施工偏差超标； 2. 钢网架、网壳结构总拼完成后及屋面工程完成后，未进行挠度值测量或所测的挠度值超过相应荷载条件下挠度计算值的1.5倍； 3. 小拼单元的施工偏差不符合D34表11.3.3的规定	未按施工技术标准施工	B02 第六十四条	责令改正，罚款

屋面工程监督检查事项

表 5-3

序号	检查环节	检查内容和方法	检查依据	常见问题或情形	定性	处理依据	处理措施
1	压型金属板安装	1. 查施工图纸、施工日志、监理旁站记录； 2. 查压型金属板进场检验； 3. 查压型金属板施工方案	D34 第12.1.3条、第12.3.1条、第12.3.3条	1. 钢结构安装工程检验批质量验收合格前已开始进行压型金属板安装； 2. 压型金属板安装不符合设计要求	未按设计或技术标准施工	—	责令改正
2	金属屋面防水	1. 查设计图、检验批、监理记录、雨后或淋水检验报告； 2. 查填料检测报告	D34 第12.3.8条、第12.6.1条	1. 屋面出现渗漏或未做淋水试验； 2. 防雨（雪）水渗漏及排水构造措施不满足设计要求	未按设计或技术标准施工	—	责令改正
3	金属屋面系统性能检测	1. 查技术交底、监理记录、抗风揭性能检测报告； 2. 查现场检查、观察	D34 第12.6.2条	未按D34要求进行抗风揭检测	未按设计或技术标准施工	—	责令改正
4	混凝土屋面	1. 查防水、保温原材料检测报告； 2. 查技术交底记录； 3. 查现场观察或淋水、蓄水试验情况	D35 第3.0.6条、第3.0.12条、第A.0.1条	1. 屋面防水工程、保温工程原材料的品种、规格、性能不符合国家现行产品标准，或无产品合格证书和性能检测报告； 2. 屋面防水工程完成后，未进行观感质量检查和雨后观察或淋水、蓄水试验，或试验后有渗漏和积水现象； 3. 屋面防水材料进场检验项目不符合D35表A.0.1的规定	未按设计或技术标准施工	—	责令改正

装饰装修工程监督检查事项

表 5-4

序号	检查环节	检查内容和方法	检查依据	常见问题或情形	定性	处理依据	处理措施
1	样板间(件)	1. 查施工图纸、技术交底、施工日志、监理记录、原材料检验报告; 2. 查有关各方对样板间(件)确认情况	D36 第3.2.3条、 第3.3.8条	1. 装饰装修材料检验指标不全; 2. 有关各方未对样板间(件)进行确认即开始全面施工	未按设计或施工技术标准施工	B02 第六十四条、 第六十七条	责令改正,罚款
2	装饰装修施工	1. 查施工设计图、技术交底、施工日志、监理记录; 2. 查隐蔽工程验收记录存留照片情况	D36 第3.3.1条、 第3.3.7条、 第3.3.12条	1. 未按设计文件要求或已审批的专项施工方案施工; 2. 未经设计、施工、监理三方共同检验合格即进入下道工序施工; 3. 隐蔽工程未按要求存留照片	未按设计或施工技术标准施工	B02 第六十四条、 第六十七条	责令改正,罚款
						—	责令改正

附 录
铁路建设工程监督检查常用的法律、法规、规章、制度、标准和规范

A. 法律

A01 《中华人民共和国建筑法》(1997年11月1日第八届全国人民代表大会常务委员会第二十八次会议通过;根据2011年4月22日第十一届全国人民代表大会常务委员会第二十次会议《关于修改〈中华人民共和国建筑法〉的决定》第一次修正;根据2019年4月23日第十三届全国人民代表大会常务委员会第十次会议《关于修改〈中华人民共和国建筑法〉等八部法律的决定》第二次修正)

A02 《中华人民共和国招标投标法》(1999年8月30日第九届全国人民代表大会常务委员会第十一次会议通过;根据2017年12月27日第十二届全国人民代表大会常务委员会第三十一次会议《关于修改〈中华人民共和国招标投标法〉、〈中华人民共和国计量法〉的决定》修正)

A03 《中华人民共和国民法典》(2020年5月28日第十三届全国人民代表大会第三次会议通过)

A04 《中华人民共和国安全生产法》(2002年6月29日第九届全国人民代表大会常务委员会第二十八次会议通过;根据2009年8月27日第十一届全国人民代表大会常务委员会第十次会议《关于修改部分法律的决定》第一次修正;根据2014年8月31日第十二届全国人民代表大会常务委员会第十次会议《关于修改〈中华人民共和国安全生产法〉的决定》第二次修正;根据2021年6月10日第十三届全国人民代表大会常务委员会第二十九次会议《关于修改〈中华人民共和国安全生产法〉的决定》第三次修正)

A05 《中华人民共和国铁路法》(1990年9月7日第七届全国人民代表大会常务委员会第十五次会议通过;根据2009年8月27日第十一届全国人民代表大会常务委员会第十次会议《关于修改部分法律的决定》第一次修正;根据2015年4月

24日第十二届全国人民代表大会常务委员会第十四次会议《关于修改〈中华人民共和国义务教育法〉等五部法律的决定》第二次修正)

A06 《中华人民共和国特种设备安全法》(2013年6月29日第十二届全国人民代表大会常务委员会第三次会议通过)

A07 《中华人民共和国环境保护法》(1989年12月26日第七届全国人民代表大会常务委员会第十一次会议通过;2014年4月24日第十二届全国人民代表大会常务委员会第八次会议修订)

A08 《中华人民共和国环境影响评价法》(2002年10月28日第九届全国人民代表大会常务委员会第三十次会议通过;根据2016年7月2日第十二届全国人民代表大会常务委员会第二十一次会议《关于修改〈中华人民共和国节约能源法〉等六部法律的决定》第一次修正;根据2018年12月29日第十三届全国人民代表大会常务委员会第七次会议《关于修改〈中华人民共和国劳动法〉等七部法律的决定》第二次修正)

A09 《中华人民共和国大气污染防治法》(1987年9月5日第六届全国人民代表大会常务委员会第二十二次会议通过;根据1995年8月29日第八届全国人民代表大会常务委员会第十五次会议《关于修改〈中华人民共和国大气污染防治法〉的决定》第一次修正;2000年4月29日第九届全国人民代表大会常务委员会第十五次会议第一次修订;2015年8月29日第十二届全国人民代表大会常务委员会第十六次会议第二次修订;根据2018年10月26日第十三届全国人民代表大会常务委员会第六次会议《关于修改〈中华人民共和国野生动物保护法〉等十五部法律的决定》第二次修正)

A10 《中华人民共和国野生动物保护法》(1988年11月8日第七届全国人民代表大会常务委员会第四次会议通过;根据2004年8月28日第十届全国人民代表大会常务委员会第十一次会议《关于修改〈中华人民共和国野生动物保护法〉的决定》第一次修正;根据2009年8月27日第十一届全国人民代表大会常务委员会第十次会议《关于修改部分法律的决定》第二次修正;2016年7月2日第十二届全国人民代表大会常务委员会第二十一次会议修订;根据2018年10月26日第十三届全国人民代表大会常务委员会第六次会议《关于修改〈中华人民共和国野生动物保护法〉等十五部法律的决定》第三次修正)

B. 行政法规

B01 《建设工程安全生产管理条例》(2003年11月12日国务院第28次常务会议通

过,2003 年国务院令第 393 号公布)

B02 《建设工程质量管理条例》(2000 年 1 月 30 日国务院令第 279 号公布;根据 2017 年 10 月 7 日《国务院关于修改部分行政法规的决定》第一次修订;根据 2019 年 4 月 23 日《国务院关于修改部分行政法规的决定》第二次修订)

B03 《建设工程勘察设计管理条例》(2000 年 9 月 25 日国务院令第 293 号公布;根据 2015 年 6 月 12 日《国务院关于修改〈建设工程勘察设计管理条例〉的决定》第一次修订;根据 2017 年 10 月 7 日《国务院关于修改部分行政法规的决定》第二次修订)

B04 《中华人民共和国招标投标法实施条例》(2011 年 12 月 20 日国务院令第 613 号公布;根据 2017 年 3 月 1 日《国务院关于修改和废止部分行政法规的决定》第一次修订;根据 2018 年 3 月 19 日《国务院关于修改和废止部分行政法规的决定》第二次修订;根据 2019 年 3 月 2 日《国务院关于修改部分行政法规的决定》第三次修订)

B05 《铁路安全管理条例》(2013 年 7 月 24 日国务院第 18 次常务会议通过,2013 年 8 月 17 日国务院令第 639 号公布)

B06 《生产安全事故报告和调查处理条例》(2007 年 3 月 28 日国务院第 172 次常务会议通过,2007 年 4 月 9 日国务院令第 493 号公布)

B07 《保障农民工工资支付条例》(2019 年 12 月 4 日国务院第 73 次常务会议通过,2019 年国务院令第 724 号公布)

B08 《建设项目环境保护管理条例》(1998 年 11 月 29 日国务院令第 253 号公布;根据 2017 年 7 月 16 日《国务院关于修改〈建设项目环境保护管理条例〉的决定》修订)

B09 《国家突发环境事件应急预案》(国办函〔2014〕119 号)

B10 《民用爆炸物品安全管理条例》(2006 年 5 月 10 日国务院令第 466 号公布;根据 2014 年 7 月 29 日《国务院关于修改部分行政法规的决定》修订)

C. 部门规章

C01 《铁路建设工程质量监督管理规定》(2015 年 3 月 12 日交通运输部公布;根据 2021 年 12 月 23 日交通运输部《关于修改〈铁路建设工程质量监督管理规定〉的决定》修正)

C02 《违反〈铁路安全管理条例〉行政处罚实施办法》(2013 年 12 月 24 日交通运输部令第 22 号公布;根据 2021 年 11 月 19 日交通运输部《关于修改《违反《铁路安全

管理条例〉行政处罚实施办法〉的决定》修正）

C03 《建设工程勘察设计资质管理规定》（2007年6月26日建设部令第160号公布；根据2016年9月13日住房和城乡建设部令第32号修改）

C04 《建筑业企业资质管理规定》（2015年1月22日住房和城乡建设部令第22号公布；根据2018年12月22日住房和城乡建设部令第45号修改）

C05 《工程监理企业资质管理规定》（2007年6月26日建设部令第158号公布；2015年5月4日住房和城乡建设部令第24号第一次修改；根据2016年10月20日住房和城乡建设部令第32号第二次修改；根据2018年12月22日住房和城乡建设部令第45号第三次修改）

C06 《注册建造师管理规定》（2006年12月28日建设部令第153号公布；根据2016年9月13日住房和城乡建设部令第32号修改）

C07 《注册监理工程师管理规定》（2006年1月26日建设部令第147号公布；根据2016年9月13日住房和城乡建设部令第32号修改）

C08 《工程建设项目施工招标投标办法》（2003年3月8日国家计委、建设部、铁道部、交通部、信息产业部、水利部、民航总局令第30号公布；根据2013年3月11日国家发展改革委、工业和信息化部、财政部、住房城乡建设部、交通运输部、铁道部、水利部、广电总局、民航局令第23号修订）

C09 《工程建设项目货物招标投标办法》（2005年1月18日国家发展改革委、建设部、铁道部、交通部、信息产业部、水利部、中国民用航空总局令第27号公布；根据2013年3月11日国家发改委、工业和信息化部、财政部、住房和城乡建设部、交通运输部、铁道部、水利部、广电总局、民航局令第23号修改）

C10 《铁路建设管理办法》（2003年7月31日铁道部令第11号公布）

C11 《铁路建设工程勘察设计管理办法》（2006年1月4日铁道部令第26号公布）

C12 《勘察设计注册工程师管理规定》（2005年2月4日建设部令第137号公布；根据2016年9月13日住房和城乡建设部令第32号修改）

C13 《建设工程勘察质量管理办法》（2002年12月4日建设部令第115号公布；根据2007年11月22日建设部令第163号第一次修改；根据2021年4月1日住房和城乡建设部令第53号第二次修改）

C14 《建设项目竣工环境保护验收暂行办法》（国环规环评〔2017〕4号）

C15 《人力资源社会保障部 交通运输部 水利部 能源局 铁路局 民航局关于铁路、公路、水运、水利、能源、机场工程建设项目参加工伤保险工作的通知》（人社部发〔2018〕3号）

C16 《铁路建设项目变更设计管理办法》（铁建设〔2012〕253号）

C17 《危险性较大的分部分项工程安全管理规定》（2018年3月8日住房和城乡建设部令第37号公布）

C18 《铁路营业线施工安全管理办法》（国铁运输监〔2021〕31号）

C19 《关于进一步加强隧道工程安全管理的指导意见》（安委办〔2023〕2号）

C20 《国家铁路局关于铁路工程投资估算预估算设计概（预）算执行〈企业安全生产费用提取和使用管理办法〉有关问题的通知》（国铁科法〔2023〕7号）

D. 规范性文件

D01 《铁路工程基本作业施工安全技术规程》（TB 10301—2020）

D02 《铁路路基工程施工安全技术规程》（TB 10302—2020）

D03 《铁路桥涵工程施工安全技术规程》（TB 10303—2020）

D04 《铁路隧道工程施工安全技术规程》（TB 10304—2020）

D05 《铁路轨道工程施工安全技术规程》（TB 10305—2020）

D06 《铁路通信、信号、信息工程施工安全技术规程》（TB 10307—2020）

D07 《铁路电力、电力牵引供电工程施工安全技术规程》（TB 10308—2020）

D08 《铁路轨道工程施工质量验收标准》（TB 10413—2018）

D09 《铁路路基工程施工质量验收标准》（TB 10414—2018）

D10 《铁路桥涵工程施工质量验收标准》（TB 10415—2018）

D11 《铁路隧道工程施工质量验收标准》（TB 10417—2018）

D12 《铁路通信工程施工质量验收标准》（TB 10418—2018）

D13 《铁路信号工程施工质量验收标准》（TB 10419—2018）

D14 《铁路电力工程施工质量验收标准》（TB 10420—2018）

D15 《铁路电力牵引供电工程施工质量验收标准》（TB 10421—2018）

D16 《铁路混凝土工程施工质量验收标准》（TB 10424—2018）

D17 《高速铁路路基工程施工质量验收标准》（TB 10751—2018）

D18 《高速铁路桥涵工程施工质量验收标准》（TB 10752—2018）

D19 《高速铁路隧道工程施工质量验收标准》（TB 10753—2018）

D20 《高速铁路轨道工程施工质量验收标准》（TB 10754—2018）

D21 《高速铁路通信工程施工质量验收标准》（TB 10755—2018）

D22 《高速铁路信号工程施工质量验收标准》（TB 10756—2018）

D23 《高速铁路电力工程施工质量验收标准》（TB 10757—2018）

D24 《高速铁路电力牵引供电工程施工质量验收标准》(TB 10758—2018)

D25 《铁路建设工程监理规范》(TB 10402—2019)

D26 《铁路声屏障工程设计规范》(TB 10505—2019)

D27 《铁路工程环境保护设计规范》(TB 10501—2016)

D28 《检验检测机构资质认定管理办法》(2021年6月1日国家市场监督管理总局令第38号公布)

D29 《检验检测机构监督管理办法》(2021年4月8日国家市场监督管理总局令第39号公布)

D30 《检验检测机构资质认定能力评价 检验检测机构通用要求》(RB/T 214—2017)

D31 《混凝土结构工程施工质量验收规范》(GB 50204—2015)

D32 《建筑地基基础工程施工质量验收规范》(GB 50202—2018)

D33 《建筑基坑支护技术规程》(JGJ 120—2012)

D34 《钢结构工程施工质量验收标准》(GB 50205—2020)

D35 《屋面工程质量验收规范》(GB 50207—2012)

D36 《建筑装饰装修工程质量验收标准》(GB 50210—2018)

D37 《砌体结构工程施工质量验收规范》(GB 50203—2011)

E. 其他

E01 《铁路工程建设市场秩序监管暂行办法》(国铁工程监〔2016〕3号)

E02 《铁路建设工程材料构件设备产品进场质量验收监督管理办法》(国铁工程监〔2017〕65号)

E03 《铁路工程建设项目竣工验收监管指导意见》(国铁工程监〔2020〕28号)

E04 《铁路工程建设失信行为认定记录公布管理办法》(国铁工程监〔2018〕76号)

E05 《复杂地质条件下铁路建设安全风险防范若干措施》(国铁工程监〔2017〕82号)

E06 《关于进一步开放铁路建设市场的通知》(建市〔2004〕234号)

E07 《关于继续开放铁路建设市场的通知》(建市〔2006〕87号)

E08 《工程勘察资质标准》(建市〔2013〕9号)

E09 《工程设计资质标准》(建市〔2007〕86号)

E10 《建筑业企业资质标准》(建市〔2014〕159号)

E11 《施工总承包企业特级资质标准》(建市〔2007〕72号)

E12 《建筑业企业资质管理规定和资质标准实施意见》(建市〔2015〕20号)

E13　《工程监理企业资质标准》(建市〔2007〕131号)

E14　《工程监理企业资质管理规定实施意见》(建市〔2007〕190号)

E15　《注册建造师执业管理办法(试行)》(建市〔2008〕48号)

E16　《注册建造师执业工程规模标准(试行)》(建市〔2007〕171号)

E17　《铁路建设工程招标投标监管暂行办法》(国铁工程监〔2016〕8号)

E18　《建筑工程施工发包与承包违法行为认定查处管理办法》(建市规〔2019〕1号)

E19　《高速铁路竣工验收办法》(铁建设〔2012〕107号)

E20　《铁路建设项目竣工验收交接办法》(铁建设〔2008〕23号)

E21　《国务院办公厅关于清理规范工程建设领域保证金的通知》(国办发〔2016〕49号)

E22　《国务院办公厅关于全面治理拖欠农民工工资问题的意见》(国办发〔2016〕1号)

E23　《建设工程质量保证金管理办法》(建质〔2017〕138号)

E24　《铁路营业线施工安全管理办法》(国铁运输监〔2021〕31号)

E25　《广铁集团铁路营业线施工安全管理实施细则》(广铁运发〔2012〕310号发布;根据2015年广铁运发〔2015〕2号修改)

E26　《广东省实施〈中华人民共和国招标投标法〉办法》(2003年4月2日广东省第十届人民代表大会常务委员会第二次会议通过;2018年11月29日广东省第十三届人民代表大会常务委员会第七次会议修订)

注:上述法律法规、规章、标准、管理办法等文件如有修订、更新,以最新版为准。